EL LENGUAJE CORPORAL

CÓMO ANALIZAR A LAS PERSONAS Y LEER RÁPIDAMENTE SU MENTE A TRAVÉS DE LOS SECRETOS DE LA COMUNICACIÓN NO VERBAL

MATTIA PONZO

DESCARGO DE RESPONSABILIDAD

Este libro no pretende reemplazar el consejo médico. Se recomienda al lector que consulte regularmente a un profesional de la salud para cualquier cuestión relacionada con su bienestar, especialmente en caso de síntomas que puedan requerir diagnóstico o tratamiento médico.

La información proporcionada en este libro es únicamente a título informativo general. Aunque nos esforzamos por mantener dicha información actualizada y correcta, no se ofrecen declaraciones ni garantías, explícitas o implícitas, en cuanto a la integridad, precisión, fiabilidad, adecuación o disponibilidad de la información, productos, servicios o gráficos relacionados presentes en este libro, para ningún propósito.

El uso de esta información es bajo su propio riesgo. Los métodos descritos en este libro representan las opiniones del autor y no deben considerarse como un conjunto definitivo de instrucciones para un proyecto específico. Puede surgir la posibilidad de utilizar otros métodos y materiales para obtener resultados similares.

INTRODUCCIÓN

En este libro, profundizamos en la exploración del lenguaje corporal, revelando cómo puede utilizarse como una sofisticada herramienta de comunicación, capaz de transmitir con precisión lo que realmente queremos comunicar a los demás.

La lectura y el uso consciente del lenguaje corporal se presentan como habilidades cruciales para una interacción eficaz en el mundo real. De hecho, la relevancia de este lenguaje es tan profunda que influye significativamente en nuestras vidas, a menudo sin que seamos plenamente conscientes de ello. Este profundo impacto se debe a que gran parte de nuestro lenguaje corporal opera a un nivel inconsciente.

En consecuencia, la inmensa mayoría de las interacciones con quienes nos rodean tienen lugar en un nivel subconsciente. En muchos casos, aunque no prestemos atención consciente a lo que ocurre durante una interacción social, el mensaje transmitido es, sin embargo, elocuente e inequívoco. A veces, las señales que enviamos son tan poderosas que las palabras no son necesarias.

Este libro es la guía ideal para quienes deseen perfeccionar sus habilidades de comunicación a nivel no verbal. No es un manual que sugiera trucos o tácticas manipuladoras para interactuar con los demás. Por el contrario, se enfoca en mostrar cómo construir conexiones auténticas con las personas para comunicar mensajes específicos y, en consecuencia, lograr los objetivos y resultados deseados. En el proceso de perfeccionamiento de estas habilidades, descubrirás la capacidad de construir relaciones profundas, que conducen a un sentimiento de satisfacción y seguridad personal.

Entonces, embarquémonos en este viaje. Exploraremos cómo puedes optimizar las habilidades que ya posees, proyectándolas en el contexto de la comunicación no verbal. Verás que convertirte en un comunicador experto es más accesible de lo que imaginas.

CAPÍTULO 1: EL LENGUAJE CORPORAL Y LA CIENCIA QUE LO SUSTENTA

La comunicación es una de las formas más esenciales y significativas de interacción humana; se manifiesta constantemente y a través de distintas modalidades. Podemos comunicarnos mediante el lenguaje verbal, pero también a través de gestos, expresiones faciales y movimientos corporales. El fenómeno que nos permite comunicarnos utilizando el cuerpo se conoce como lenguaje corporal.

El lenguaje corporal también se manifiesta a través de la elección de la ropa de una persona. La ropa transmite un mensaje según el color y el estilo elegido. Una persona puede cambiar su lenguaje corporal en función de cómo interactúa con la ropa o los accesorios, como en el caso de alguien que hace girar un anillo de boda alrededor de su dedo.

Consideremos las numerosas situaciones cotidianas en las que influye el lenguaje corporal, tanto el nuestro como el de los demás. Es una parte intrínseca de la vida diaria, que transmite significados incluso cuando estos no parecen basarse en preceptos científicamente probados. Lo que hace fascinante el lenguaje corporal es precisamente su base científica.

He tenido numerosas interacciones con individuos cuyo comportamiento me ha resultado sumamente interesante. Por ejemplo, muchos tienden a cruzar los brazos sobre el estómago cuando tratan temas embarazosos, mientras que otros empiezan a respirar profundamente cuando se enfrentan a situaciones desagradables.

Los gestos pueden tener significados diferentes según la persona o la situación. Por ejemplo, algunos se muerden el labio inferior cuando están nerviosos, mientras que otros lo hacen cuando están excitados. Las lágrimas pueden expresar tristeza, felicidad, alegría o incluso enfado. Incluso una sonrisa, considerada universalmente como una expresión de felicidad, puede ocultar intenciones falsas, lo que requiere una observación cuidadosa para detectar su autenticidad o falsedad.

Una vez que se establece su significado, es crucial conocer las diferentes formas en que este puede comunicarse a los interlocutores. La ciencia del lenguaje corporal cobra gran relevancia en el contexto de la comunicación. Por este motivo, profundizaremos en la investigación sobre este tema, ofreciendo una visión clara de los aspectos científicos de la comprensión de la naturaleza humana.

Una comprensión más profunda del lenguaje corporal te

ayudará a descifrar mejor los mensajes de los demás, especialmente cuando son involuntarios o inconscientes.

Aunque los seres humanos prefieren el lenguaje escrito y hablado, el lenguaje corporal a menudo pasa a un segundo plano. La falta de práctica en integrar las palabras y la comunicación no verbal puede conducir a una interacción defectuosa.

Los principios básicos para entender a los demás tienen sus raíces en la evolución y la psicología conductual. Mientras que la psicología se ocupa de las emociones y la mente humana, la psicología conductual profundiza en las motivaciones que subyacen a las acciones humanas. Así, los gestos, las expresiones y el lenguaje corporal, junto con la forma en que transmiten un mensaje, constituyen el núcleo de la psicología conductual.

Por ejemplo, consideremos la emoción del miedo. Cuando tanto los humanos como los animales enfrentan el miedo, sus reacciones se pueden clasificar en tres modos: lucha, huida o parálisis. Estas respuestas son muy comunes en el reino animal. Los animales atacan instintivamente cuando se sienten amenazados. Por ejemplo, un perro asustado gruñe y ladra instintivamente. Del mismo modo, animales como las suricatas han desarrollado complejos sistemas de escape, permaneciendo siempre alerta en caso de ataque de un depredador. Muchas especies imitan el comportamiento humano y reaccionan en consecuencia. Por ejemplo, los cachorros de perro reconocen el miedo y responden con agresividad.

Para los humanos, el miedo sigue un camino similar. Los matones en la escuela suelen proceder de entornos familiares difíciles y actúan así con la esperanza de encontrar alivio. En situaciones extremas, cuando se percibe una amenaza para la vida, la reacción puede limitarse a permanecer quieto y en silencio. La huida como respuesta al miedo puede resumirse con la expresión «vivir para luchar otro día». La huida representa una respuesta instintiva cuando parece que no hay otra opción para sobrevivir.

Como puede verse, hay reacciones viscerales generadas por estados emocionales profundos. Por supuesto, las interacciones cotidianas no suelen ser tan dramáticas como sentirse atrapado. Sin embargo, en general, los gestos y el comportamiento de las personas están influidos por la forma en que se sienten, expresada inconscientemente.

Por consiguiente, el análisis del lenguaje corporal, concebido como ciencia, constituye una parte esencial de la evolución humana en el contexto del comportamiento. Este enfoque es análogo a la forma en que percibimos el lenguaje escrito y hablado como parte integral de la evolución de la comunicación. Además, el lenguaje corporal, como vehículo de comunicación, se basa en las raíces de la antropología cultural mediante gestos, expresiones faciales y manierismos de diversas culturas y tradiciones. De este modo, el lenguaje corporal surge como fenómeno colectivo y reflejo del comportamiento humano.

Es importante considerar el lenguaje corporal en su contexto histórico, ya que su evolución a lo largo del tiempo puede aportar valiosas ideas sobre la perspectiva con la que científicos y filósofos han examinado el lenguaje corporal en el contexto de sus respectivas investigaciones. Aunque las observaciones del comportamiento humano existen desde hace miles de años, su estudio científico es relativamente reciente.

Por lo tanto, exploremos más a fondo la evolución del estudio del lenguaje corporal, teniendo en cuenta tanto las observaciones como las investigaciones llevadas a cabo por distinguidos filósofos a lo largo de la historia.

CAPÍTULO 2: HISTORIA DE LA LECTURA DEL LENGUAJE CORPORAL

El lenguaje corporal no es una forma de comunicación nueva. Se ha utilizado desde que los seres humanos adquirieron la capacidad de comunicarse entre sí. De hecho, es plausible que el lenguaje corporal se haya desarrollado como una forma de comunicación mucho antes de que surgiera el lenguaje hablado. Así, los seres humanos han estado comunicándose mediante gestos, movimientos, expresiones faciales y señales desde tiempos remotos.

Aunque se ha reconocido la existencia del lenguaje corporal desde los orígenes de la humanidad, el estudio en profundidad de la comunicación no verbal es relativamente reciente. El análisis del comportamiento humano desde una perspectiva empírica tiene sus raíces en la antigüedad, con los antiguos filósofos griegos, pero un enfoque sistemático del tema solo surgió con el desarrollo de la psicología moderna.

En el último siglo, el estudio del lenguaje corporal ha avanzado considerablemente. Aunque muchos autores han abordado el tema desde la antigüedad, los primeros estudios rigurosos comenzaron con el desarrollo de la psicología y la observación científica.

Aristóteles fue un pionero en el estudio del comportamiento humano. Se cuenta que observaba a las personas en público, lo que le permitió investigar la capacidad expresiva de los ojos y los rostros. Sus observaciones sentaron las bases para un estudio sistemático del comportamiento humano como sistema de comunicación.

Motivado por estas prácticas de observación, yo también he estudiado a las personas y sus problemas en mi rol de consejero profesional. La observación de las interacciones humanas ha demostrado ser extremadamente valiosa, y lo mejor de este enfoque es que no es necesario acudir a lugares especiales; basta con observar a las personas en situaciones cotidianas, como en un restaurante, para obtener valiosas percepciones.

Con el auge de la psicología moderna, las obras de autores como Paul Ekman se han convertido en recursos clave sobre el tema. Es fascinante ver cómo, incluso antes de que el estudio del lenguaje corporal se formalizara como disciplina científica, estos estudios comenzaron a sistematizar el análisis de la comunicación no verbal.

Las ideas de Ekman y otros contribuyeron a definir la importancia del lenguaje corporal en la vida cotidiana. Ellos empezaron a formular hipótesis generales sobre la comunicación no verbal a partir de observaciones detalladas de la interacción humana, marcando el inicio de una sistematización del estudio del lenguaje corporal.

A medida que la psicología se consolidó como ciencia, pioneros como Freud y Jung hicieron importantes contribuciones a la comprensión de la comunicación subconsciente, aunque no se centraron específicamente en la comunicación no verbal. A pesar de su enfoque en el subconsciente, no desarrollaron una teoría clara sobre el comportamiento no verbal.

Jung, en una célebre cita, afirmó: «Eres lo que haces, no lo que dices que harás». Esta frase subraya que las acciones comunican más que las palabras. Por lo tanto, interpretar a las personas a través de sus acciones es crucial en todos los aspectos de la vida.

En consecuencia, el estudio del lenguaje corporal ha sido objeto de investigaciones continuas. Hoy en día, no se limita a la psicología popular, sino que se reconoce como una parte esencial para comprender el desarrollo humano. También se utiliza en contextos legales y profesionales, siendo una herramienta valiosa para determinar la veracidad o falsedad de un individuo, especialmente en el ámbito judicial.

La investigación actual sigue profundizando en nuestra comprensión del lenguaje corporal, examinando cómo se usa y cuál es la mejor manera de aprender sus matices. La historia del lenguaje corporal está lejos de haber terminado; por el contrario, está en pleno desarrollo. Por lo tanto, ahora es un buen momento para sumergirse en el estudio de este fascinante tema.

Sin embargo, es fundamental tener en cuenta que existen autoproclamados expertos que presumen tener secretos o trucos infalibles. Es crucial que cualquier sistema que pretenda revelar las verdaderas intenciones de las personas se base en fundamentos sólidos y en ciencia rigurosa, para evitar caer en el terreno de la psicología popular.

Este fenómeno también se observa en el mundo de las citas, donde algunos individuos se presentan como gurús capaces de explicar la atracción mediante observaciones superficiales, a menudo sin base científica. Muchas de estas afirmaciones son simplemente repeticiones de mitos y creencias populares.

Personalmente, he probado muchas de estas teorías en mi propia experiencia, descubriendo que pocas de ellas resisten un análisis riguroso. Por ejemplo, la proxémica, que afirma que si alguien invade tu espacio personal está intentando ligar, no siempre es cierta. Existen muchas razones por las cuales una persona podría acercarse, y muchas de ellas no están relacionadas con la atracción, sino que podrían ser manifestaciones de dominación o búsqueda de confort. Por lo tanto, es esencial examinar estos conceptos con cuidado.

CAPÍTULO 3: PROFUNDIZAR EN EL CONOCIMIENTO

Cuando mantenemos conversaciones con las personas a nosotros más cercanas, queremos asegurarnos de que entendemos perfectamente lo que realmente nos están comunicando. Especialmente en conversaciones sobre asuntos delicados, es crucial evitar pasar por alto detalles importantes que no se han dicho explícitamente. En conversaciones serias con nuestra pareja, por ejemplo, queremos evitar omitir detalles que puedan llevarla a malinterpretar lo que decimos o el tono que adoptamos. Incluso cuando felicitamos a un hijo por su rendimiento en el equipo, es esencial asegurarnos de que nuestro entusiasmo no se refiera a un tema sensible.

Son detalles cruciales que hay que identificar en una conversación. Por desgracia, no podemos captar o comunicar esos matices sólo con palabras. Nuestro lenguaje corporal actúa como vehículo para expresar y compartir emociones, independientemente de nuestra voluntad. A través del lenguaje corporal, nuestras conversaciones adquieren un profundo nivel de comprensión, corrección y aplicabilidad en diferentes situaciones relacionales.

En primer lugar, cuando nos sumergimos en este tema, es crucial comprender que las apariencias pueden engañar. Si alguien afirma amarte sin mostrar una expresión de felicidad, tu primer instinto podría ser sospechar una mentira. En realidad, puede que simplemente esté cansado. Este ejemplo puede parecer obvio, pero sirve para ilustrar que las expresiones faciales suelen comunicar mucho más que las palabras.

Otro aspecto clave a tener en cuenta es que si dices algo sin sentir realmente lo que estás expresando, tu cuerpo puede revelar tus verdaderos sentimientos. He observado a muchas personas declarar amor a su pareja sin ser capaces de sostener una mirada directa mientras lo hacen. Algunos incluso bajan la mirada, señal de sumisión o, en algunos casos, de mentira.

De este ejemplo se desprende claramente que el lenguaje corporal utilizado puede influir enormemente en las personas que te rodean. Puede revelar la sinceridad de tus palabras o, por el contrario, poner de manifiesto una posible falsedad. El lenguaje corporal se manifiesta cuando te sientes nervioso, incómodo, feliz o emocionado. En general, tu lenguaje corporal transmite tu estado de ánimo en ese preciso momento, permitiendo a la gente leer entre líneas tus palabras y entender exactamente lo que estás experimentando.

En una ocasión, tuve que hablar ante un pequeño grupo de personas. Aunque no suelo ser tímido, la situación me provocó nerviosismo, ya que era la primera vez que me enfrentaba a ese discurso en concreto.

Así fue la situación: me puse de pie frente al público y me presenté. Luego empecé a hablar, intentando comprimir unos 45 minutos de material en un discurso de 20 minutos. A pesar de haber preparado meticulosamente mis notas y haber practicado lo que tenía que decir, me encontré exponiendo conceptos a un ritmo rápido, casi como una ametralladora.

Después de mi discurso, una persona del público se acercó y comentó: «Estabas algo nervioso, ¿verdad?». Le contesté: «Sí, un poco. ¿Cómo se nota?». Esperaba una mención sobre mi rapidez al hablar, pero su respuesta me sorprendió: «Estabas ahí de pie como si tuvieras raíces plantadas en el suelo».

¿Raíces en el suelo? En ese momento caí en la cuenta: no me había movido en todo el discurso. Permanecí inmóvil con las cartas en la mano, pronunciando las palabras una tras otra. Me di cuenta de que, al permanecer inmóvil como una estatua, había puesto de manifiesto lo nervioso que estaba.

Esta experiencia me llevó a aconsejar a la gente que se observara a sí misma mientras hablaba. Se puede hacer mirándose al espejo o haciendo que alguien te grabe. La idea es que observarse a uno mismo es la mejor manera de obtener una tercera perspectiva sobre cómo uno se presenta mientras se comunica con los demás. Las personas relajadas y cómodas tienden a hablar con las manos y moverse con naturalidad y fluidez, mientras que permanecer inmóvil puede transmitir un claro estado de nerviosismo.

CAPÍTULO 4: SER CONSCIENTE DEL LENGUAJE CORPORAL

Ser consciente no solo es útil para comprender el lenguaje corporal de las personas que te rodean, sino que también es crucial para interpretar tu propio lenguaje corporal. Este reto puede ser complejo, ya que verse a uno mismo desde una perspectiva externa no siempre es fácil. Por eso, observarse en un espejo o a través de un vídeo es una buena recomendación.

Para interpretar tu lenguaje corporal, necesitas desarrollar un alto nivel de conciencia de tu cuerpo y sus movimientos. Es esencial estar lo suficientemente atento como para percibir hasta el más mínimo movimiento, como el sutil desplazamiento de una pierna o un hombro. Además, tienes que ser consciente de los movimientos que tu cuerpo no hace en determinadas situaciones; por ejemplo, puede que no mantengas el contacto visual adecuado en una conversación incómoda.

"

Ser consciente de tu lenguaje corporal puede suponer un reto, pero es una habilidad muy valiosa. En este capítulo exploraremos lo que tu lenguaje corporal puede revelar sobre las personas que te rodean. Al aprender a manejar tu lenguaje corporal, podrás alinear tus palabras con tus acciones y movimientos.

Tu lenguaje corporal podría revelarlo:

Una de las motivaciones más comunes para interesarse por la lectura de la comunicación no verbal es la capacidad de detectar cuándo una persona miente. Los llamados «Detectores de Mentiras Humanos» no están dotados de habilidades innatas, pero dominan a la perfección el arte de leer a las personas. Por ejemplo, están familiarizados con el contacto visual y el movimiento de los ojos. La falta de contacto visual es un signo revelador de la mentira, e incluso si tu interlocutor evita tu mirada, puedes captar indicios de mentiras, como una mirada evasiva que se mueve de izquierda a derecha. Este movimiento involuntario de los ojos puede ser señal de incomodidad o inseguridad.

Tu lenguaje corporal puede hacer que los demás se sientan bien consigo mismos:

Tu lenguaje corporal puede tener efectos positivos en las personas con las que interactúas. Un toque ligero, una sonrisa sincera y una risa contagiosa, junto con una mirada prolongada, pueden ayudar a elevar la autoestima de los demás. Sin embargo, es crucial actuar con cautela cuando se trata de contacto físico, ya que un toque inapropiado puede llegar a ser molesto. Las expresiones faciales positivas, como sonreír, y los gestos abiertos, como mantener los brazos extendidos durante una conversación, pueden hacer que los demás se sientan más cómodos. Un aspecto importante a tener en cuenta es el «efecto espejo», conocido como la tendencia a imitar sutilmente el comportamiento del interlocutor para crear una conexión subconsciente y mejorar la comunicación. Profundizaremos en este concepto más adelante, pero por ahora, comprende que observar a los demás y adaptar tu comportamiento en consecuencia puede mejorar notablemente la calidad de tu interacción.

Tu lenguaje corporal puede afectar al bienestar de los demás:

Cuando adoptas comportamientos opuestos a los que acabamos de describir, tus acciones implícitas pueden producir resultados diametralmente opuestos. Si te mantienes distante, evitas sonreír, reír, mirar a los ojos o simplemente desatiendes a la persona con la que estás interactuando, corres el riesgo de hacerla sentir incómoda. Además, el tono de tu voz desempeña un papel crucial a la hora de crear comodidad. Por lo tanto, tómate el tiempo necesario para asegurarte de que tu voz transmite la señal adecuada en relación con cómo te sientes en ese momento.

Tu lenguaje corporal puede generar confusión:

Muchas formas de lenguaje corporal son fácilmente comprensibles por las personas que nos rodean. Si muestras amabilidad acercándote y sonriendo, transmites el mensaje de que aprecias su compañía. Por el contrario, si ignoras a la gente, hablas sin establecer contacto visual o muestras una actitud negativa, la conversación se volverá negativa. Si tu lenguaje corporal no está en sintonía con cómo te sientes o es notablemente incoherente, puede causar confusión en las personas que te rodean.

¿Alguna vez has conocido a alguien que, durante un saludo, te da la mano sin ni siquiera mirarte a la cara? ¿Cómo te hace sentir esta falta de contacto visual? Probablemente te haga sentir que esa persona no está interesada en ti o incluso que no le gustas. La falta de contacto visual puede transmitir un mensaje negativo evidente.

Por el contrario, imagina que tienes que presentarte a un colega que no te cae bien, pero decides mirarle a los ojos y sonreírle a menudo. Este comportamiento, aunque amable, podría enviar mensajes contradictorios, ya que otros elementos de tu lenguaje corporal podrían revelar tus verdaderos sentimientos.

Me viene a la memoria un incidente en el que dos colegas con un rechazo mutuo se saludaron durante una conferencia. Ambos eran muy formales y profesionales, pero la antipatía que surgió se hizo patente en el momento en que intercambiaron un débil apretón de manos, a pesar de las sonrisas y las galanterías superficiales. Es evidente cómo la falta de coherencia en el lenguaje corporal hizo que la interacción resultara incómoda.

Por lo tanto, si quieres evitar que tu lenguaje corporal confunda a las personas que te rodean, mantente atento y asegúrate de que está en consonancia con cómo te sientes y con la imagen que quieres proyectar de ti mismo. Otra situación en la que el lenguaje corporal puede enviar señales ambiguas es en el contexto de las citas.

Algunos pretendientes saben decir las cosas correctas, pero no mantienen el contacto visual, no adoptan una postura adecuada y recurren a toques físicos inapropiados. Algunos autoproclamados «gurús de las citas» incluso aconsejan a sus seguidores que busquen pronto el contacto físico, dando por sentado que la otra persona interpretará este gesto como una señal de interés.

Repito: el contacto no solicitado puede convertirse rápidamente en algo espeluznante y poner en peligro las posibilidades de establecer una conexión genuina con alguien en cuestión de segundos. Por lo tanto, es esencial prestar atención a tu comportamiento. Si adoptas una postura adecuada, sonríes con naturalidad y respetas el espacio personal de tu interlocutor, tendrás más probabilidades de comunicarte con éxito y evitarás transmitir una imagen inapropiada.

Tu lenguaje corporal como manifestación de tu confianza personal:

El lenguaje corporal, las expresiones faciales y los gestos, en general, son un indicador inequívoco de la seguridad personal o de la falta de ella. Cuando una persona tiene confianza en sí misma, su comportamiento transmite claramente este mensaje. Por ejemplo, alguien seguro de sí mismo tiene los hombros erguidos y la mirada directa al frente. Por el contrario, alguien que muestra una postura con los hombros encorvados puede ser víctima de malos hábitos, pero la conclusión es que la postura revela mucho más de lo que imaginas.

Para asegurarte de que tu cuerpo refleja confianza, es esencial desarrollar una profunda conciencia de tus movimientos y tu comportamiento. Debes adoptar movimientos corporales decididos e integrarlos en tu rutina diaria. Cambiar algo apenas perceptible puede resultar difícil, pero sin duda es una habilidad valiosa que hay que adquirir.

Un principio clave a tener en cuenta es ser consciente de cómo tu lenguaje corporal complementa el mensaje que pretendes transmitir. Si realmente sientes simpatía por una persona, asegúrate de que tu lenguaje corporal refleja tus acciones. Del mismo modo, si no sientes verdadera simpatía por alguien, intenta evitar que tu lenguaje corporal resulte ofensivo. Después de todo, no hay nada malo en ser educado y respetuoso.

CAPÍTULO 5: LENGUAJE CORPORAL APRENDIDO VERSUS LENGUAJE CORPORAL GENÉTICO

En el aparentemente simple contexto del lenguaje corporal, podría parecer que se trata de una parte moldeable de la personalidad, aprendida observando el comportamiento de los padres, otros miembros de la familia o incluso los amigos. Sin embargo, según estudios científicos, el lenguaje corporal no siempre es solo un producto del entorno, sino que podría transmitirse genéticamente.

Paul Ekman, en su libro de 2003 *Emotions Revealed*, explora cómo el lenguaje corporal se considera un rasgo evolutivo. Este concepto surgió al observar el comportamiento de los chimpancés, que mueven la cabeza de un lado a otro para advertir a los demás cuando están a punto de realizar una acción inapropiada. Este gesto, también común en los humanos para expresar una reacción negativa ante un determinado comportamiento, puede haberse transmitido genéticamente a lo largo de la evolución.

El ejemplo sugiere que algunos comportamientos están arraigados en la memoria genética, convirtiéndolos en instintivos en lugar de aprendidos del entorno. Sonreír, por ejemplo, es una forma de lenguaje corporal que transmite mensajes a varios niveles en diferentes situaciones, y sin embargo, nadie nos ha enseñado a sonreír. Es un reflejo innato que surge cuando estamos felices.

Los científicos exploran la naturaleza genética o aprendida del lenguaje corporal observando a personas que han nacido ciegas. Al no haber visto nunca a nadie sonreír, estas personas no podrían haber aprendido esta reacción por observación. Sin embargo, los ciegos sonríen, lo que demuestra que el lenguaje corporal puede ser genético. Algunos comportamientos son claramente instintivos, pero el entorno en el que uno crece también influye en ellos.

Muchos gestos y mannerismos utilizados para comunicarse son culturales y, por tanto, sólo son relevantes para grupos sociales específicos. Algunos comportamientos pueden tener significados opuestos en culturas diferentes, lo que demuestra que los mannerismos no son solo el resultado de la evolución, sino también del desarrollo a lo largo del tiempo de grupos sociales específicos.

Otra forma en que las personas desarrollan ciertas actitudes proviene de la dinámica familiar. Si pasaste tu infancia en una familia apasionada por los eventos deportivos, probablemente presenciaste diversas formas de animación en las gradas. Algunos simplemente aplauden, mientras que otros gritan y bailan en círculos. Si tu madre, por ejemplo, manifestaba su entusiasmo levantando los brazos al aire y gritando "¡WOOO!" por su equipo favorito, es posible que esa se convierta en tu forma personal de animar durante los eventos deportivos. Los recuerdos del entusiasmo de tu madre, anclados en su expresión concreta, pueden influir en tu comportamiento a lo largo de los años. En consecuencia, el entorno familiar juega un papel crucial en la comprensión del lenguaje corporal de un individuo.

Por el contrario, si has crecido en una cultura con normas y expectativas bien definidas sobre el lenguaje corporal, habrás desarrollado un patrón que se ajusta a esas pautas culturales o religiosas. Estas normas pueden variar mucho y definen lo que es aceptable y lo que no lo es. Algunas culturas otorgan gran importancia al contacto físico, mientras que otras lo evitan por completo. Es esencial comprender que no hay pautas "correctas" o "incorrectas" en el lenguaje corporal; más bien, están profundamente arraigadas en el contexto cultural en el que el individuo ha crecido.

Este aspecto hace que el contexto de los negocios internacionales sea fascinante. Cuando interactúo con empresarios extranjeros, siempre me tomo el tiempo para asegurarme de que mis gestos no se malinterpreten. La investigación previa me permite adaptar mi comportamiento adecuadamente, creando un ambiente cómodo para todos.

Es evidente que el lenguaje corporal puede ser el resultado de influencias tanto genéticas como culturales. Por lo tanto, es esencial prestar atención a cómo la cultura personal interpreta determinados gestos y mannerismos. Comprender claramente qué elementos no verbales están arraigados en tu cultura te ayudará a comunicarte con mayor eficacia.

Vale la pena dedicar tiempo a comparar los patrones de comunicación no verbal de tu cultura con los de otras culturas. Puedes inspirarte en las palabras de Aristóteles y observar las interacciones en espacios públicos. Si vives en una zona frecuentada por turistas, podrás comparar fácilmente cómo interactúan los lugareños con los extranjeros, obteniendo una visión clara de cómo las personas conviven con su propia cultura.

CAPÍTULO 6: LAS PRINCIPALES PAUTAS PARA LEER A LAS PERSONAS

En este capítulo exploraremos seis pautas principales, centrándonos en la comunicación no verbal y el lenguaje corporal en su conjunto.

Pauta i: Haz los deberes

Los estudiosos del comportamiento humano y la psicología comprenden la importancia de contar con fuentes fiables para mantenerse informados. En un mar de información a menudo poco confiable, es crucial prestar atención a las fuentes, buscando aquellas verificadas. Esto es especialmente cierto cuando se trata de quienes se autoproclaman gurús, prometiendo revelar los secretos del comportamiento humano.

Expertos reconocidos, como el profesor de psicología de Harvard Jordan Peterson, distribuyen vídeos populares en

YouTube y artículos académicos que exploran la psicología y la ciencia del comportamiento de manera accesible. Es esencial seleccionar cuidadosamente las fuentes para obtener información fiable.

Pauta 2: Hombres y mujeres reaccionan de forma diferente ante los mismos estímulos

Aunque hombres y mujeres comparten una base biológica, las diferencias evolutivas han moldeado perspectivas distintas. Esta diferencia tiene su origen en los roles tradicionales, donde los hombres eran cazadores-recolectores y las mujeres se encargaban de las actividades domésticas y el cuidado de los niños.

Esta perspectiva evolutiva ha influido en la tendencia de las mujeres a evitar conflictos y en la de los hombres a ser más agresivos. Aunque la sociedad moderna ha trabajado para superar estos estereotipos de género, la realidad es que hombres y mujeres interpretan los estímulos de maneras distintas. Comprender estas diferencias es esencial para definir un comportamiento aceptable.

Por ejemplo, en la proxémica, la proximidad y el contacto físico pueden interpretarse de manera diferente según el género. La regla de la "longitud de la mano" se convierte en una forma eficaz de evitar invasiones del espacio personal. Limitar el contacto físico, a menos que sea necesario, es la mejor estrategia para evitar malentendidos y comportamientos inadecuados.

Pauta 3: No estamos "programados"

Un error común es creer que todas las actitudes e instintos están grabados en nuestro ADN, un error frecuente entre los novatos. Aunque hay una base de verdad en esta afirmación, la realidad es que gran parte de nuestro comportamiento se aprende a través de la influencia de la cultura familiar y los grupos sociales. Como ya se mencionó, muchos de nuestros gestos, comportamientos y mannerismos son fruto del aprendizaje. Por lo tanto, es crucial esforzarse por adoptar aquellos comportamientos que creemos que facilitan la comunicación con los demás. En cierto sentido, podemos "reprogramar" parte del sistema que se nos inculcó en la infancia.

Pauta 4: No existe una "varita mágica" para leer a las personas

A menudo encontramos personas que afirman poseer el secreto para entender a los demás, especialmente en el contexto de las citas. Muchos de estos supuestos expertos afirman dominar el arte de leer la mente y prometen que la única solución es comprar su curso. Aunque existen técnicas que pueden mejorar tu comprensión de las emociones de los demás, la realidad es que no hay una varita mágica. No puedes esperar encontrar un truco milagroso para comprender a las personas. Esta habilidad requiere la adquisición de varias destrezas, como descifrar el lenguaje corporal, las expresiones faciales, el tono de voz y mucho más. Leer a los demás como un libro abierto será el resultado de un esfuerzo constante, integrando varias estrategias en una sola habilidad.

Pauta 5: La edad desempeña un papel fundamental

Examinaremos este tema en profundidad más adelante, pero es evidente que dirigir a niños es muy diferente de interactuar con personas más maduras. Los niños, especialmente los que son demasiado pequeños para verbalizar sus sentimientos, se comunican principalmente mediante señales no verbales, a diferencia de los adultos, que son más expresivos verbalmente.

Por lo tanto, es crucial prestar atención a las acciones y gestos de los niños, ya que pueden transmitir desagrado mediante señales como el enfurruñamiento o expresar una amplia gama de emociones a través del llanto. Mientras que los adultos pueden concentrar multitud de sentimientos en una sola acción, comprender a los pequeños requiere una atención especial. Las generaciones pueden manifestar comportamientos diferentes, pero los subtextos subconscientes y los mannerismos permanecen constantes, anclados en la cultura. En general, las generaciones más jóvenes son más abiertas en la expresión de sentimientos, pero los subtextos y mannerismos permanecen invariables.

Pauta 6: El contexto es la clave

Además de las variables de sexo y edad, hay numerosos factores que influyen en la lectura del lenguaje corporal, modulando su significado: el lugar en el que te encuentras, el motivo de tu presencia, tu relación con la otra persona, su personalidad, el contexto de vuestras interacciones anteriores y muchas otras variables. Es esencial tener en cuenta toda la información contextual disponible; de lo contrario, se corre el riesgo de malinterpretar completamente el lenguaje corporal de alguien.

Quizás el concepto más importante de esta última pauta es que la experiencia se convierte en tu mejor maestro. En este contexto, tus observaciones se convierten en tu principal aliado para comprender y descifrar las pistas contextuales y no verbales que transmiten constantemente las personas que te rodean.

En la próxima sección, exploraremos en detalle cómo perfeccionar tu capacidad para leer a la gente, centrándonos en los matices que hacen del lenguaje corporal un lenguaje intrincado de descifrar.

CAPÍTULO 7: EXPRESIONES FACIALES - CARA Y FRENTE

Al sumergirse en el análisis del lenguaje corporal, la atención suele dirigirse al rostro, un lugar privilegiado donde se manifiestan múltiples emociones a través de expresiones como la sonrisa, el ceño fruncido, las cejas levantadas o la boca apretada.

Un aspecto crucial que hay que entender sobre el lenguaje corporal facial es su susceptibilidad a la falsificación. Muchas personas son muy conscientes de las expresiones que componen su rostro, y esta conciencia les permite seleccionar cuidadosamente la expresión o el movimiento más adecuados para comunicar un significado concreto a su interlocutor. Sin embargo, el deseo de ocultar las verdaderas emociones es una constante en esta dinámica.

Es importante tener en cuenta que si el lenguaje corporal general de un individuo es incoherente, existe la posibilidad de que esté enmascarando sus emociones a través del rostro.

Eric Ravenscraft, en su elocuente artículo de 2014 titulado «Cómo interpretar el lenguaje corporal de forma más eficaz», describe las emociones que se simulan con frecuencia a través de las expresiones faciales.

Uno de los indicadores clave que menciona es la sonrisa falsa. Ravenscraft argumenta que, en muchas culturas, los niños aprenden desde pequeños a sonreír en determinadas situaciones sociales, independientemente de la emoción genuina que puedan sentir. Por ejemplo, imagine abrir un regalo de Navidad de su querida abuela: un suéter de ganchillo en un color poco atractivo que resulta desagradable al tacto.

¿Cómo reaccionarías en ese momento? ¿Dejarías que las emociones negativas relacionadas con el regalo se reflejen en tu rostro? Por lo general, la respuesta sería «no». En estas circunstancias, aunque el suéter sea desagradable, somos conscientes del cariño y la dedicación de la abuela, por lo que sonreímos falsamente para no herir sus sentimientos.

La sonrisa falsa, sin embargo, es una representación engañosa para los observadores, ya que sugiere que el regalo nos ha emocionado, cuando en realidad no es así. Esta situación es familiar para muchos, pero el principal riesgo reside en la incomprensión por parte de quienes nos rodean, al confiar en señales faciales que no reflejan las verdaderas emociones internas.

Afortunadamente, con el conocimiento adecuado, podemos distinguir entre una sonrisa auténtica y una falsa. Para reconocer la diferencia, es esencial observar atentamente el rostro de una persona mientras sonríe. En las sonrisas auténticas, participan los ojos y a menudo toda la cabeza, con una elevación de las cejas o una mirada ligeramente hacia arriba, acompañada de una elevación de las comisuras de los labios; en cambio, en las sonrisas falsas, el movimiento involucra solo la boca.

La exploración de las expresiones faciales y su significado va mucho más allá de la mera sonrisa. Como ilustra el valioso trabajo de Paul Ekman y Wallace Friesen, quienes en 1978 popularizaron la práctica de leer las expresiones faciales mediante un sistema conocido como Facial Action Coding System (FACS).

En el contexto del FACS, Ekman y Friesen asignaron etiquetas a cada región de la cara y la cabeza. Cada una de estas regiones se mueve en sincronía con emociones y sensaciones específicas, que pueden variar desde movimientos apenas perceptibles hasta gestos faciales más marcados. El FACS, utilizado habitualmente por expertos en la materia, es un método desarrollado por computadora que también puede aplicarse a ciertos primates, como los chimpancés, y puede resultar útil en el diagnóstico de trastornos como la depresión.

En el FACS se registra la magnitud de los movimientos faciales, categorizados de A (mínimo) a E (máximo). Estos movimientos incluyen la elevación de las cejas, el desplazamiento de los ojos y las arrugas en la frente. Centrándonos en estos últimos, observar la frente resulta crucial para analizar el lenguaje corporal facial. Una frente fruncida, por ejemplo, puede revelar sorpresa, mientras que una frente cubierta de sudor puede indicar nerviosismo o miedo. Tocarse la frente puede señalar estrés o esfuerzo por entender algo.

Sin duda, las expresiones faciales desempeñan un papel clave en la descodificación de las emociones de un individuo, independientemente de la verbalización de las palabras. Es esencial comprender que el lenguaje corporal no se limita a las expresiones faciales; por lo tanto, es imperativo prestar atención también a otras señales. De hecho, las expresiones faciales son solo la punta del iceberg cuando se trata de explorar las señales no verbales.

En general, las expresiones faciales constituyen nuestra primera impresión de una persona. Aunque los brazos, las manos, la postura y los movimientos en su conjunto desempeñan un papel importante, es en las expresiones faciales donde se centra inicialmente la atención. Además, son especialmente difíciles de disimular, ya que a menudo son el resultado de reacciones subconscientes. Adoptar un enfoque «descendente», comenzando por la cara y descendiendo hacia abajo, puede suponer una ventaja considerable a la hora de leer con precisión a las personas.

CAPÍTULO 8: OJOS

Los ojos, a menudo considerados las herramientas más elocuentes del lenguaje corporal, desempeñan un papel extremadamente expresivo. Analizarlos requiere un conocimiento profundo, ya que lo que comunican nuestros ojos puede variar desde los movimientos que somos capaces de controlar hasta aquellos que escapan a nuestro control. En este capítulo, exploraremos estos movimientos para dotarte de las habilidades necesarias para interpretarlos en tu vida cotidiana.

Entre las señales de lenguaje corporal más intrigantes que surgen de los ojos están las pupilas. Su particularidad radica en que no tenemos control directo sobre su comportamiento. Aunque sabemos que las pupilas se contraen o dilatan en función de la luz ambiental, también pueden dilatarse cuando estamos realmente interesados en la persona o en el tema de conversación. Una gran dilatación de las pupilas puede indicar interés genuino o incluso excitación del interlocutor. Del mismo modo, la apertura de los ojos puede ser un signo de entusiasmo. Por el contrario, si se observa una contracción o constricción de las pupilas sin motivación externa, puede denotar incomodidad o desacuerdo con la conversación, o incluso una percepción de amenaza. No obstante, es prudente corroborar la lectura de las pupilas con otras señales no verbales para asegurar una interpretación correcta.

Otro aspecto incontrolado del lenguaje corporal relacionado con los ojos es el parpadeo de los párpados. Aunque podemos ejercer cierto control sobre este movimiento, a menudo lo realizamos involuntariamente, transmitiendo más información de la que conscientemente queremos comunicar.

El contacto visual es uno de los elementos más significativos de la comunicación no verbal, fundamental tanto en las relaciones profesionales como en las personales. Cuando conozco a alguien por primera vez, prefiero darle la mano, mirarle directamente a los ojos y sonreír. En un contexto profesional, esta actitud transmite confianza y relajación. A nivel personal, el contacto visual directo es una forma eficaz de mostrar interés por la otra persona, aunque es crucial evitar parecer espeluznante. En el mundo de las citas, en particular, el contacto visual amistoso puede enviar una señal positiva, siempre que sea respetuoso y no se prolongue demasiado. Parpadear con regularidad ayudará a que el contacto visual sea más natural y espontáneo.

Además, este acercamiento denota el interés genuino de una persona por conversar contigo, indicando que eres el centro de su atención. Cuando existe un interés genuino en ti, el contacto visual es una señal inequívoca. Al mismo tiempo, la persona puede decidir eliminar otras distracciones, como el teléfono, confirmando así que está enfocada en ti.

Por otro lado, la falta de contacto visual podría traducirse en una falta de interés por ti o, en última instancia, por tus palabras. La otra parte puede estar cansada de la conversación o simplemente no querer profundizar en ella, y tal vez intente transmitírtelo a través de una disminución en el contacto visual.

El contacto visual intenso y constante también puede indicar que la persona intenta proyectar una imagen de poder. A veces, estas miradas intensas pueden ser intimidatorias, un medio deliberado con el que algunos buscan ejercer control. Se cree que esta forma de lenguaje corporal es primitiva, ya que incluso los perros pueden reaccionar de forma agresiva o mostrar miedo ante un contacto visual constante percibido como amenazante.

La fijación prolongada también puede ser un signo de mentira. A la inversa, la falta de contacto visual, aunque parezca contraintuitivo, podría levantar sospechas. Quienes son conscientes de ello pueden esforzarse por mantener el contacto visual durante la conversación. Sin embargo, es esencial establecer límites para evitar que esto se convierta en algo inusual o incómodo. De este modo, podrás deducir si alguien oculta algo, aunque intente convencerte de lo contrario.

Por supuesto, cuando se miente, la reacción típica es apartar la mirada. Se trata de un comportamiento involuntario, provocado por sentimientos de inseguridad y timidez. Incluso los expertos en engaños cometen a veces este error. Los investigadores, en este caso, escrutan a los sospechosos de frente, esperando señales de que se estén derrumbando.

Sin embargo, es importante subrayar que la falta de contacto visual no siempre indica que se esté mintiendo. Puede reflejar simplemente nerviosismo o timidez, especialmente en situaciones complejas como una cita o una entrevista de trabajo. En algunos casos, el nerviosismo puede deberse a una incomodidad general con el contacto visual, influida por la educación, la cultura o discapacidades específicas, un tema que trataré en detalle en un capítulo posterior de este libro. Por lo tanto, siempre intento tranquilizar a la gente estableciendo inicialmente el contacto visual y ofreciéndoles después la libertad de apartar la mirada.

Otro aspecto intrigante en el lenguaje corporal expresado por los ojos se refiere a la dirección en la que se dirigen. Un elemento a tener en cuenta es que si los ojos se dirigen hacia la izquierda, la persona está intentando recordar un acontecimiento pasado. Si, por el contrario, están girados hacia la derecha, la persona está intentando ser creativa y generar nuevas ideas.

El gesto de poner los ojos en blanco es un ejemplo común, aunque a menudo involuntario, del lenguaje corporal expresado a través de los ojos. Cuando este gesto no es intencionado, revela fastidio, aburrimiento o desacuerdo.

La práctica de poner los ojos en blanco se ha extendido tanto entre los adolescentes que se ha convertido en un estereotipo establecido. Sin embargo, hay que señalar que los adultos también suelen hacer uso de este gesto. Ya sea para expresar fastidio, desacuerdo, aburrimiento o enfado, el acto de poner los ojos en blanco, especialmente si se hace sin querer, es una señal de que algo no se está comunicando abiertamente y de que, muy probablemente, el contenido es negativo.

El lenguaje corporal relacionado con los ojos también puede incluir comportamientos intencionados. Por ejemplo, a veces utilizamos los guiños como forma de comunicación. Podemos pedir ayuda en silencio dirigiendo una mirada cómplice a alguien cercano, o expresar emociones difíciles de verbalizar, como el llanto, que se convierte en un medio de expresión cuando las palabras resultan demasiado complejas. Sin embargo, es importante señalar que algunas personas recurren al llanto como estrategia manipuladora, utilizando lágrimas ficticias, conocidas como «lágrimas de cocodrilo», para conseguir lo que quieren.

Además, poner los ojos en blanco puede ser una forma de provocación o desinterés por una persona o por lo que está diciendo. Esta expresión puede ser jocosa, pero también puede indicar una actitud de indiferencia o provocación.

En definitiva, el lenguaje corporal de los ojos, ya sea involuntario o intencionado, revela un universo de significados subyacentes que van más allá de las palabras habladas. Comprender esas señales enriquece nuestra capacidad para interpretar las dinámicas interpersonales y comunicarnos más eficazmente con el mundo que nos rodea.

CAPÍTULO 9: OREJAS, NARIZ, MEJILLAS, MANDÍBULA Y MENTÓN

El lenguaje corporal, expresado a través del rostro, es un medio de comunicación complejo que revela una amplia gama de sentimientos y emociones. En este capítulo exploraremos cómo se manifiesta este lenguaje a través de las orejas, la nariz, las mejillas, la mandíbula y el mentón, analizando el significado de estos movimientos y cómo podemos interpretarlos en los demás y en nosotros mismos.

Empezaremos con las orejas y su capacidad para comunicarse con nosotros. La forma más común de interactuar con el cuerpo es el «tirón de orejas», que consiste en tirar ligeramente, pasar la mano por encima o tocar suavemente la oreja. Este gesto puede ocurrir cuando una persona está nerviosa o estresada. El origen de este movimiento es el aumento del flujo sanguíneo hacia las orejas, lo que las pone incómodamente rojas y calientes. Max Atkinson, en su obra de 1984, «Las voces de nuestros maestros», señala que ciertos gestos, como tocarse la nariz o las orejas, podrían ser signos de mentira. La importancia de esta afirmación radica en que tales movimientos involuntarios se activan a nivel subconsciente cuando una persona está nerviosa o oculta algo, apareciendo como mecanismos de consuelo más que como partes intencionales del comportamiento.

Pasemos ahora a las mejillas, que aunque parecen inmóviles, son capaces de transmitir mensajes profundos. Retraer las mejillas hacia dentro durante una inhalación, por ejemplo, podría indicar desaprobación de lo que está ocurriendo. A la inversa, inflar las mejillas hacia fuera podría sugerir la toma de una decisión o expresar cansancio. El enrojecimiento de las mejillas en determinadas situaciones puede ser un indicador útil para leer el lenguaje corporal, ya que el color rojo puede denotar enfado o vergüenza. Una pérdida repentina de color puede indicar incomodidad o malestar en la persona.

Continuemos con la barbilla, un elemento crucial en el estudio del lenguaje corporal. Si una persona lleva la barbilla hacia dentro, puede ser señal de un instinto primario que sugiere amenaza o una postura sumisa, ya que esta posición protege la garganta. Si, por el contrario, empuja la barbilla hacia delante, puede querer comunicar dominancia o deseo de confrontación. Una barbilla en posición neutra indica que la persona se siente segura y no percibe ninguna amenaza.

A veces, la forma en que un hombre decide llevar su barba puede influir significativamente en su lenguaje corporal. Si un hombre luce una barba poblada sin cuidarla especialmente, está demostrando que se siente cómodo con su propia autenticidad. En cambio, si la barba es larga y descuidada, podría indicar desinterés por el aspecto físico o que está atravesando un periodo difícil en su vida. Además, el estilo de la barba puede dar pistas sobre la adhesión de una persona a las normas culturales.

Es habitual observar a personas que se pasan la mano por la mandíbula, un gesto que suele sugerir una profunda reflexión. Si alguien apoya la cabeza con la mano bajo la barbilla, puede expresar cansancio, pero también puede indicar aburrimiento. Es sorprendente cómo pequeñas partes de la cara pueden transmitir una amplia gama de significados en el lenguaje corporal. Normalmente, estas sutiles expresiones faciales pueden pasar desapercibidas. Sin embargo, armado con los conocimientos adquiridos en este capítulo, no solo podrás notar estos movimientos, sino también comprender su significado con precisión.

CAPÍTULO 10: BOCA, LABIOS, SONRISA Y RISA

Estamos acostumbrados a considerar la boca como la parte de nuestro cuerpo dedicada al lenguaje verbal, pero, por lo general, solo nos centramos en su capacidad para expresar palabras. En realidad, nuestra boca transmite un significado mucho más profundo que el meramente verbal, que a menudo pasamos por alto en la vida cotidiana. La boca desempeña un papel fundamental en el lenguaje corporal y en la transmisión de señales no verbales.

Si alguna vez has conversado con alguien que sabe leer con precisión tus emociones ocultas, es probable que esa persona haya dedicado mucho tiempo a observar tus labios. Los expertos actuales creen que quienes entienden mejor el lenguaje corporal tienden a fijarse más en los labios que en cualquier otra parte del cuerpo, desmintiendo así la concepción anterior que señalaba a los ojos como el punto clave de observación.

Normalmente, las personas respiran por la nariz; por lo tanto, si observas que alguien respira por la boca (y no debido a una nariz completamente obstruida), esto podría proporcionarte información valiosa sobre su estado emocional. Respirar por la boca indica un intento de introducir más oxígeno de lo normal. Esto puede señalar miedo o ira intensa, preparando al cuerpo para una reacción de ataque. Sin embargo, también podría indicar un problema respiratorio que limita la capacidad de respirar. Por lo tanto, es importante considerar estos posibles contextos para evitar malinterpretar las señales.

La respiración rápida por la boca podría indicar un alto nivel de estrés o incluso un ataque de pánico. También podría deberse al calor, con el cuerpo buscando más oxígeno para enfriarse.

Si una persona respira rápido pero superficialmente o en silencio, puede estar profundamente triste. Esta señal es útil para reconocer si alguien necesita apoyo, pero se siente incómodo expresándolo a quienes le rodean.

La respiración profunda puede tener varios matices. Respirar profundamente con un bostezo puede indicar somnolencia o aburrimiento respecto a la situación o la conversación. Inhalar y exhalar profundamente con los ojos cerrados puede revelar un intento de tranquilizarse y relajar el cuerpo. Una respiración profunda seguida de un sollozo podría denotar tristeza, aburrimiento, frustración o enfado por lo que se está viviendo.

Además, aspectos aparentemente simples como los

labios, que realizan múltiples funciones además de hablar, pueden actuar como vehículos en el lenguaje corporal. Cuando alguien empuja los labios hacia fuera, formando un círculo cerrado, a menudo quiere indicar incomodidad en la conversación o situación en la que se encuentra. De acuerdo con el artículo de Ravenscraft «Cómo leer el lenguaje corporal con mayor eficacia», los expertos utilizan este movimiento de los labios para analizar discursos y declaraciones de políticos, ya que puede revelar si el orador tiene dificultades con un tema específico o está afirmando algo en lo que realmente no cree.

Contraer los labios es un gesto que puede revelar muchos matices sobre la persona que lo realiza. A veces, esta contracción puede denotar un pensamiento, ya sea relacionado con algo que se acaba de decir o con algo que se desea expresar. También puede indicar que una persona está disgustada, molesta, nerviosa o indecisa. Este gesto suele producirse en las pausas incómodas de una conversación, cuando se intenta decidir si continuar o no con la discusión.

Cuando alguien se lame los labios, puede ser señal de que desea algo que ha visto o está contemplando. Este deseo puede ir desde un antojo por un alimento delicioso hasta un deseo sexual hacia la persona con la que se está conversando. Es importante prestar atención a esta interpretación, ya que lamerse los labios también podría ser un gesto inconsciente de hidratación, especialmente si los labios están secos y agrietados.

La sonrisa, sin duda, forma parte del lenguaje corporal asociado a la boca y tiene significados diversos y muy relevantes. Como ya se ha mencionado, hay sonrisas auténticas y falsas.

Una sonrisa auténtica puede iluminar todo el rostro de una persona, involucrando incluso los ojos y las cejas. Una sonrisa genuina puede levantar la cabeza de quien sonríe, mientras que una sonrisa falsa solo altera la posición de la boca. Las sonrisas genuinas indican que una persona está realmente feliz. Pueden expresar satisfacción por la conversación o un interés orgulloso en ti. También pueden denotar un deseo genuino de conocerte mejor. Un dato interesante es que las sonrisas falsas tienden a durar más que las auténticas. Teniendo esto en cuenta, es posible distinguir entre sonrisas auténticas y falsas, facilitando la comprensión del mensaje que una persona pretende transmitir a través de su lenguaje corporal.

Analicemos ahora los distintos tipos de sonrisa. Una media sonrisa involucra solo la mitad de la cara, lo que a menudo indica que la persona puede no estar necesariamente feliz; puede ser sarcástica o insegura sobre sus sentimientos. También puede sugerir nerviosismo, enmascarado por una apariencia de confianza.

Las sonrisas débiles pueden interpretarse como una forma de sumisión. Indican que una persona es tímida o intenta demostrar que no tiene intención de competir contigo.

En algunas culturas, las sonrisas adquieren significados distintos que en otras partes del mundo, aunque las variaciones son más singulares que comunes. Una sonrisa puede sugerir a menudo que tienes una pregunta que hacer o que tienes algo que decir, esperando ser llamado.

La sonrisa es solo una de las muchas señales interpretativas que la boca puede transmitir a través del lenguaje corporal. Podemos obtener información considerable sobre una persona incluso cuando la sonrisa no está presente. Una persona que mantiene la boca apretada está sugiriendo que tiene algo que comunicar pero, al mismo tiempo, intenta contenerse. Esto podría revelar un intento de parecer agradable a pesar de un sentimiento subyacente de tristeza. También podría indicar que la persona tiene algo que decir, pero cree que la expresión sería inapropiada en ese momento. Asimismo, si la boca adopta una línea recta mientras los ojos no transmiten nada positivo, podría indicar tristeza o juicio hacia los demás.

La ausencia de sonrisa también puede manifestarse con el ceño fruncido, un claro signo de tristeza. Esta expresión puede indicar malestar por algo en la conversación o por acontecimientos negativos en la vida de la persona.

Una boca abierta con las cejas levantadas y los ojos muy abiertos podría indicar sorpresa o conmoción ante lo que se está viendo u oyendo. Esta emoción puede ser positiva o negativa y, para distinguirla, es necesario observar otras señales del lenguaje corporal que emite la persona.

Además de las distintas expresiones faciales, también se tienen en cuenta los sonidos que puede emitir la boca, excluyendo las palabras, ya que se trata de lenguaje corporal: en particular, la risa. La risa indica alegría y diversión. Puede surgir de lo que se ha dicho o visto y, aunque breve, puede tener varios matices.

Una persona puede reírse mucho en situaciones de vergüenza o nerviosismo. Esta risa puede servir para sentirse cómodo o para distraerse mentalmente de la situación difícil que se acaba de vivir o a la que se va a enfrentar. Aunque pueda parecer inapropiado, conocer este aspecto del lenguaje corporal es crucial, ya que permite comprender y apoyar a alguien que se ríe fuera de contexto. Puede que se sienta demasiado avergonzado para pedir ayuda, pero tu conocimiento del lenguaje corporal hace que sea más fácil ofrecer apoyo sin hacer preguntas innecesarias.

Sin duda, la risa puede considerarse una emoción positiva, especialmente en el contexto de la atracción. Las mujeres, en particular, tienden a reírse más en presencia de hombres que despiertan su interés, y a los hombres les gusta que las mujeres se rían de sus bromas. Este fenómeno indica una fuerte conexión al principio de una relación.

A veces, nos sorprendemos riendo incluso cuando la situación no es necesariamente graciosa. Puede ocurrir que nos partamos de risa ante el dolor ajeno o ante situaciones con las que nos identificamos, ya sea en un vídeo o en la realidad. Este tipo de risa no deriva necesariamente de lo cómico del suceso, sino más bien de un malestar, convirtiéndose la risa en una reacción corporal para aliviar la tensión. Es esencial distinguir esta risa de la risa genuina, que surge de situaciones realmente divertidas, para evitar malentendidos cuando observamos que alguien se ríe en circunstancias inesperadas.

La gestión de la ansiedad puede manifestarse a través de comportamientos como morderse las manos o morderse las uñas, expresiones del lenguaje corporal que suelen originarse en la primera infancia como mecanismos de consuelo. Estos comportamientos pueden persistir en la edad adulta o en niños mayores durante momentos de profunda angustia. Si observas este tipo de gestos en una persona, puede ser un signo de nerviosismo e indicar la necesidad de apoyo. Estos comportamientos pueden ser difíciles de interrumpir, ya que proporcionan una sensación de consuelo en situaciones de estrés. En el caso de chuparse el dedo, es crucial evitar juzgar e intentar ofrecer apoyo, ya que es una forma de buscar consuelo. Es esencial comprender que morder puede indicar incluso más estrés que simplemente chupar. Esta toma de conciencia te permitirá consolar a quienes se sientan incómodos en tu presencia y comprender que estos comportamientos son normales y no son motivo de vergüenza.

Comprender claramente el lenguaje corporal es una herramienta poderosa no solo para ayudar a los demás, sino también para desenvolverse en interacciones humanas complejas. Esta conciencia te permitirá evitar malentendidos en las relaciones. Comprender las señales que provienen de la boca es fundamental para interpretar el lenguaje de las personas. Sin embargo, es igualmente importante explorar otras partes del cuerpo, como la cabeza, el cuello y los hombros, para adquirir una comprensión completa del lenguaje corporal.

CAPÍTULO 11: CABEZA, CUELLO Y HOMBROS

Hemos explorado el lenguaje corporal asociado a la cara y a cada uno de sus rasgos. Ahora, pasemos a la cabeza en su conjunto, profundizando en el lenguaje corporal relacionado con el cuello y los hombros.

Empecemos examinando la actitud de quienes bajan la cabeza más de lo normal. Si una persona inclina la cabeza hacia abajo pero mantiene los ojos mirando hacia arriba en tu dirección, es posible que perciba una amenaza potencial en ti. Esta amenaza puede manifestarse como una reacción defensiva, independientemente de si el ataque percibido es físico o no.

Si, por el contrario, baja la cabeza y dirige los ojos hacia el suelo, esto puede indicar miedo o sumisión hacia ti. La persona puede temer un posible daño o percibir una disparidad de fuerzas. También podría revelar admiración si la persona se siente tan abrumada que no puede mantener el contacto visual.

Este gesto también puede señalar vergüenza. La persona puede sentirse culpable por algo y evitar el contacto visual para evitar situaciones embarazosas. La motivación de esta actitud depende del contexto de la conversación. Si la persona se siente avergonzada por algo que se ha discutido, su comportamiento puede reflejar esa incomodidad desde el momento en que te ve.

Si baja la cabeza sin mostrar ninguna de las señales descritas anteriormente, podría ser simplemente un signo de cansancio. La cabeza, al ser una parte del cuerpo que se asocia con la vitalidad, tiende a inclinarse hacia abajo cuando estamos fatigados.

Una inclinación rápida de la cabeza puede indicar que la persona se está escondiendo o buscando refugio de algo que se acerca, ya sea un objeto físico o una preocupación interna.

Un movimiento de la cabeza puede indicar un simple asentimiento, una confirmación positiva. Puede ser un signo de aprobación hacia ti o un reconocimiento de tu presencia.

Cambiando de perspectiva, veamos qué significa que una persona levante la cabeza en lugar de bajarla. Levantar la cabeza puede sugerir un interés prolongado por algo, manteniendo la mirada fija sin apartar la vista. También puede expresar entusiasmo por lo que se está observando, especialmente si va acompañado del arqueo de las cejas.

Si una persona levanta la cabeza y la mantiene en esa posición durante un tiempo prolongado, puede indicar un estado profundo de aburrimiento o cansancio. Esta actitud podría sugerir desinterés por el entorno, manifestando una disposición a cambiar de actividad. Sin embargo, si la persona no está aburrida, podría estar realizando un esfuerzo de concentración sobre algo que ha escuchado. Puede haber reconocido que lo que ve le distrae de la recepción óptima de la información auditiva, lo que le lleva a mirar hacia arriba para concentrarse mejor.

Por el contrario, un levantamiento rápido y breve de la cabeza podría indicar desinterés por ti. Podría ser una señal de advertencia, anticipando una acción o una pregunta, quizás debido a confusión sobre lo que estás comunicando.

Cuando una persona inclina la cabeza hacia un lado, está mostrando interés por lo que se dice o sucede a su alrededor. Este gesto también puede denotar atracción hacia ti. La inclinación de la cabeza expresa curiosidad por saber más sobre lo que tiene delante. Si la inclinación es leve, puede indicar vergüenza o incertidumbre; sin embargo, si es más evidente, significa que la persona está profundamente interesada y siente curiosidad.

En muchas culturas, el movimiento de la cabeza hacia arriba y hacia abajo significa "sí", mientras que el movimiento hacia los lados indica "no". Son señales comunes que se entienden fácilmente desde la infancia.

No todos los lenguajes corporales son igualmente intuitivos, y este capítulo pretende ofrecer una mejor comprensión. Profundicemos ahora en el lenguaje corporal relacionado con las señales del cuello de una persona. Tocarse constantemente el cuello puede indicar estrés, vergüenza o preocupación. Si alguien se frota el cuello, puede estar avergonzado, enfadado o frustrado, tratando de calmarse con una suave presión, como en un masaje cervical, una práctica conocida por aliviar el estrés. Es útil recordar esta táctica al interpretar el lenguaje corporal, aunque puede ser fácilmente olvidada.

Es importante tener en cuenta que tocarse el cuello también puede ser una respuesta al dolor o al picor. La presión, aunque ligera, puede aliviar el estrés o la tensión, permitiendo a la persona deshacerse de molestias físicas. El contexto, como una conversación en curso, es crucial para interpretar correctamente el lenguaje corporal.

Si una persona se protege el cuello con la cabeza o las manos, puede estar indicando una sensación de amenaza. El cuello es una parte vulnerable del cuerpo, y protegerlo sugiere el deseo de salvaguardar la propia vida de posibles daños.

Exploremos ahora el lenguaje corporal relacionado con los hombros de una persona. Cuando los hombros se mantienen elevados, esto puede indicar miedo o excitación. Encorvar los hombros o cruzar los brazos sobre el pecho podría sugerir que la persona siente frío y está tratando de calentarse de alguna manera.

Si una persona encorva los hombros hacia adelante, puede estar a la defensiva o sentirse asustada. Este gesto también podría indicar un intento de esconderse de algo que le aterra. Por el contrario, si echa los hombros hacia atrás, puede estar manifestando una predisposición ante un enfrentamiento inminente, convencida de que puede afrontarlo con éxito. Esta actitud también podría denotar un alto grado de seguridad y confianza en las propias capacidades, independientemente del reto que se presente.

El movimiento circular de los hombros podría indicar dolor en la parte superior del cuerpo o un intento de relajarse después de un periodo de nerviosismo. Este gesto puede contribuir a la relajación de los hombros y los músculos, especialmente si la persona ha mantenido previamente la tensión. Puede interpretarse como una señal de superación de un momento difícil, con la intención de volver a la normalidad.

Considera un gesto aparentemente sencillo como encogerse de hombros; podría indicar incapacidad para responder a una pregunta o falta de interés en la respuesta. Un encogimiento parcial o de un solo hombro podría revelar inseguridad o falta de compromiso, independientemente del tema que se trate. En algunos casos, podría ser un intento de evasión o engaño en la conversación, potencialmente interpretado como un signo de mentira. Encogerse excesivamente de hombros cuando no se habla también podría ser un indicio de falsedad. En general, podría representar un deseo de comunicarse sin arriesgarse a tropezar con las propias mentiras y evitando tener que recordar detalles complicados.

Cuando una persona relaja todo el cuerpo, a menudo los hombros son los primeros en relajarse. La relajación de los hombros facilita la liberación de la tensión en otras partes del cuerpo. Por lo tanto, si observas a alguien con los hombros muy relajados, puede tratarse de una persona libre de estrés y en paz consigo misma.

La cabeza, el cuello y los hombros son indicadores significativos del lenguaje corporal, que proporcionan información valiosa sobre el estado emocional de una persona. Ahora, armado con estos conocimientos, podrás descifrar estas señales en tu vida cotidiana.

CAPÍTULO 12: LAS MANOS, INCLUIDAS LAS PALMAS, LOS DEDOS Y LOS PULGARES

Rara vez prestamos suficiente atención a nuestras manos durante una conversación. ¿Te has dado cuenta de cuánto puedes aprender sobre una persona simplemente observando su apretón de manos? Esto se debe al lenguaje corporal que transmiten las manos. En este capítulo, exploraremos las manos, analizando la teoría del apretón de manos y centrándonos en las partes más pequeñas, como las palmas, los dedos y los pulgares.

Ya hemos mencionado brevemente las manos al hablar del lenguaje corporal en general. Hemos destacado cómo tocar una parte concreta del cuerpo con las manos puede transmitir significados, pero ahora profundizaremos en el amplio papel de las manos en el lenguaje corporal. Las manos, con su compleja anatomía y numerosos huesos, son capaces de realizar acciones y movimientos estrechamente relacionados con nuestras emociones.

Comencemos por el significado de la forma en que una persona sostiene los objetos. Si alguien sujeta con delicadeza un recipiente o una taza, podría estar indicando que le atribuye un valor especial o frágil a ese objeto. También podría sugerir la intención de regalarlo. Por el contrario, un agarre firme podría indicar lo contrario, sugiriendo un deseo de conservar el objeto para sí mismo o expresar nerviosismo por miedo a que se le caiga.

Como muestra el estudio de Hanneke K.M. Meeren de 2005, las manos juegan un papel importante al transmitir mensajes ocultos a los demás. Por ejemplo, sostener un objeto puede revelar sentimientos más profundos, mientras que los brazos cruzados en posición defensiva indican autoprotección, mientras que los brazos abiertos sugieren una actitud abierta y acogedora.

La tensión con la que una persona sostiene los objetos o la postura de sus manos puede dar pistas sobre su estado emocional, destacando el estrés o la tristeza. El grado de apretón de manos puede reflejar directamente el nivel de nerviosismo y mal humor de una persona. La tendencia de las personas a frotarse las manos es un intento común de aliviar el estrés.

La posición de las manos de una persona puede comunicar mensajes poderosos. Si alguien lleva suavemente las manos a la espalda, está permitiendo que su cuerpo se abra y adopte una postura correcta, revelando seguridad y confianza en sus capacidades y en su enfoque hacia cualquier tarea.

En cambio, si alguien mantiene las manos juntas frente al cuerpo, puede estar indicando lo contrario. Esta postura suele implicar cerrar los hombros y el pecho, manifestando una sensación de inseguridad, especialmente si la persona no mantiene la cabeza alta. Puede interpretarse como un signo de sumisión, timidez o incomodidad, ya que intenta protegerse de posibles amenazas cerrándose.

Recuerda siempre que las personas que mienten intentan mantener las manos inmóviles para controlar su lenguaje corporal. Sin embargo, a través de estos esfuerzos, podrías ser capaz de detectar si están tratando de contenerse y, por ende, mentir.

A veces, el nerviosismo de una persona puede percibirse observando el movimiento continuo de sus manos. Alguien que hace clic con un bolígrafo o tamborilea con los dedos sobre la mesa probablemente esté expresando ansiedad o estrés relacionado con lo que está a punto de suceder. En estas situaciones, ofrecer apoyo puede ser un gesto de empatía.

Por otro lado, algunos individuos, aunque nerviosos, intentan sostener frenéticamente sus manos, adoptando una actitud similar a la de mentir. Un gesto relacionado es retorcerse las manos, conocido entre las personas ansiosas.

Las personas suelen expresar su felicidad hablando con las manos. Si alguien mueve enérgicamente las manos durante una conversación, sonríe y tiene los ojos brillantes, es probable que esté contento y entusiasmado con el tema tratado.

Por supuesto, no todos hacen gestos con las manos como expresión de nerviosismo, felicidad o excitación. Algunos lo hacen simplemente porque forma parte de su naturaleza. Puede que sean intrínsecamente enérgicos o que utilicen el lenguaje de signos para comunicarse con personas sordas. Otros pueden haber adquirido este comportamiento como una peculiaridad, tal vez aprendido de un familiar o un adulto que se comportó de forma similar durante su infancia. Como ocurre con cualquier aspecto del lenguaje corporal, hablar con las manos puede transmitir una gran variedad de significados, que siempre requieren la interpretación contextual adecuada.

Tocar otras partes del cuerpo con las manos también puede tener significados específicos, como se ha comentado anteriormente en relación con tocar el cuello. Por ejemplo, si una mujer se toca repetidamente el interior de la muñeca de forma visible, podría ser un signo de coqueteo, un intento de mostrar vulnerabilidad. Al tocarse esta parte del cuerpo, está intentando llamar la atención sobre el hecho de que, mostrando vulnerabilidad, quiere establecer una conexión más íntima con esa persona.

En ocasiones, tocarse una parte del cuerpo puede ser un gesto inconsciente causado por incomodidad en la zona afectada. Por ejemplo, frotarse los ojos puede indicar la presencia de algo, como suciedad o una pestaña, que provoca picazón. También puede ser síntoma de cansancio. Si alguien se toca o se frota las sienes, podría indicar un dolor de cabeza o una irritación creciente relacionada con la conversación que se está manteniendo. Al sentarse, frotarse o pasarse la mano por la rodilla puede indicar dolor o ser un hábito nervioso que refleja malestar en el entorno actual, con la compañía, el tema de conversación o la situación general.

El significado intrínseco de tocar con la mano una parte del cuerpo varía según la personalidad y las características de cada persona. Sin embargo, siempre hay algún significado detrás de este gesto. Si estás lo suficientemente familiarizado con una persona y sus tics personales, deberías ser capaz de descifrar exactamente lo que este lenguaje corporal representa para esa persona y, en consecuencia, determinar cómo proceder.

Ahora, profundicemos en el análisis de las palmas de las manos y el papel crucial que desempeñan en el lenguaje corporal. A primera vista, las palmas pueden parecer partes insignificantes del cuerpo, desprovistas de gran significado, pero tal percepción es completamente engañosa.

Comencemos por examinar el gesto de extender las manos con las palmas hacia arriba. Esta actitud indica que la persona está inclinada hacia la cooperación. Según Meeren (2005), es interesante observar que incluso los simios, como los chimpancés, utilizan este gesto cuando necesitan apoyo. Esta postura comunica a los que están alrededor que la persona es pacífica y se considera igual a los demás. Manifiesta una petición de ayuda de forma tranquila y pacífica.

Por el contrario, girar las palmas hacia abajo puede implicar lo contrario. Este gesto puede denotar un deseo de controlar la conversación o de obtener el silencio de los demás. También puede ser una forma de evitar ser interrumpido mientras intenta expresarse. A menudo, representa una invitación a detenerse o a esperar.

A continuación, exploramos el lenguaje corporal que se manifiesta a través de los dedos. La forma más común de utilizar los dedos en el lenguaje corporal es para indicar. El significado de señalar se entiende universalmente y a menudo conserva la misma connotación en diferentes culturas. Señalar con el dedo puede servir para mostrar la posición de algo o para llamar a otra persona. Sin embargo, es fundamental ser consciente de que señalar directamente a alguien con el dedo puede considerarse un gesto grosero, por lo que es esencial prestar atención a dónde se enfoca y con qué intensidad se realiza el gesto.

La posición de los dedos, cuando se juntan, es un indicador elocuente de la actitud y el grado de atención de una persona. Un ejemplo emblemático de este concepto es el gesto conocido como el «campanario». En este gesto, las yemas de los dedos de una mano presionan ligeramente las de la otra, simulando la estructura del campanario de una iglesia. A menudo, este gesto incluye el movimiento hacia adelante y hacia atrás de las palmas, creando la imagen de una araña haciendo flexiones frente a un espejo. Cuando se realiza con los dedos apuntando hacia arriba, este gesto suele denotar una gran confianza en uno mismo. Sin embargo, también puede transmitir exceso de confianza, complacencia o la sensación de considerarse superior a la persona con la que se está conversando. En este caso, la imagen recuerda a la oración, intentando proyectar una especie de fachada divina, y se denomina «campanario elevado».

En cambio, el gesto del «campanario invertido» adquiere significados diferentes. Manteniendo un cierto nivel de importancia, las puntas de los dedos, unidas como un campanario, apuntan hacia abajo. Esto indica que la persona está prestando atención a lo que dice su interlocutor. Este gesto hace que el usuario parezca más interesado y dispuesto a reaccionar. Aunque hombres y mujeres pueden utilizar el «campanario invertido», es más común observarlo entre las mujeres.

El «campanario levantado» y el «campanario invertido» son ejemplos perfectos de por qué es esencial prestar atención a cada detalle del lenguaje corporal para realizar una lectura precisa. No querrás acusar a alguien de engreimiento solo porque esté juntando las puntas de los dedos en un campanario, cuando en realidad sus manos están en posición de «campanario invertido». El más mínimo cambio de posición puede alterar por completo el significado del lenguaje corporal de una persona.

Los pulgares pueden usarse de manera similar al resto de los dedos. La posición del pulgar de una persona es un indicador clave de su nivel de confianza. En general, las personas utilizan los pulgares como señales inequívocas de seguridad en sí mismas. Por ejemplo, meter las manos en los bolsillos dejando sólo los pulgares visibles, especialmente entre personas de alto estatus, indica un alto grado de seguridad. Mostrar el pulgar hacia arriba suele expresar confianza, satisfacción con lo que se está haciendo o una experiencia positiva. En cambio, el pulgar hacia abajo generalmente sugiere insatisfacción o una percepción negativa de la situación.

Algunas posiciones del pulgar pueden revelar inseguridad. Por ejemplo, introducir solo el pulgar en los bolsillos mientras los otros dedos quedan colgando, en lugar de dejar los pulgares fuera, puede señalar una falta de confianza o incomodidad personal.

Como se ha mencionado, los gestos comunican mucho más de lo que expresamos conscientemente. Por lo tanto, es crucial prestar atención a nuestra actitud y modales, ya que estos ofrecen una oportunidad para comunicar de manera precisa nuestras intenciones, al tiempo que se evita transmitir señales ambiguas.

CAPÍTULO 13: LOS BRAZOS Y EL CONTACTO FÍSICO

El contacto físico es una de las formas de comunicación más controvertidas. Mientras que para algunas personas puede ser una forma poderosa de expresar sentimientos y emociones profundas, para otras puede resultar incómodo o incluso estar mal visto en su cultura. Por lo tanto, es esencial examinar más a fondo cómo el tacto y el uso de los brazos pueden emplearse eficazmente en la comunicación.

Comencemos por analizar el lenguaje corporal que emana de los brazos. Cuando una persona abre los brazos, esto puede indicar una actitud amigable. Este gesto puede traducirse en un deseo de abrazar o expresar alegría al ver a alguien. Sin embargo, es crucial discernir si esta apertura de brazos es una señal positiva o si, por el contrario, la persona muestra una actitud desafiante hacia ti. Este discernimiento requiere observar atentamente otras señales provenientes de diferentes partes del cuerpo.

Los brazos también pueden ser herramientas para crear formas específicas, revelando detalles de una conversación que de otro modo quedarían sin explorar. Pueden usarse para mostrar el tamaño de algo o para imitar una acción concreta. Los brazos ayudan a expresar detalles que las palabras por sí solas no pueden transmitir completamente. Se convierten en un elemento crucial del lenguaje corporal, capaz de transmitir eficazmente el mensaje o, en su defecto, diluirlo.

El manejo adecuado de los brazos es una de las habilidades más importantes en la comunicación no verbal, ya que puede ser un indicador de sinceridad. Por lo general, la gente confía en aquellos que usan las manos durante la conversación, ya que esto demuestra una implicación genuina en el discurso. En contraste, quienes evitan usar las manos pueden parecer mecánicos y poco sinceros, proyectando una imagen fría y distante. Tal actitud puede hacer que la persona parezca poco interesada o genuinamente implicada en la conversación.

Los brazos también pueden emplearse para gestos como saludar o señalar un peligro. Levantar una mano puede indicar la presencia de una pregunta, mientras que levantar ambas manos rápidamente puede expresar frustración o confusión.

Además, los brazos pueden adoptar un papel amenazante. Pueden usarse para atacar, como en simulaciones de lucha, mostrando fuerza y habilidades defensivas. También pueden protegerte de ataques o lesiones. Cruzar los brazos sobre el pecho suele sugerir incomodidad o miedo, creando una especie de barrera protectora.

Si, en cambio, cruzas los brazos delante del cuerpo, puede indicar un deseo de cerrarte a la persona que tienes al lado, tratando de evitar el conflicto. La clave para interpretar correctamente este gesto radica en la rapidez con que se realiza y en los demás matices del lenguaje corporal que lo acompañan.

Si decides esconder los brazos detrás de tu cuerpo, puede indicar que te sientes cómodo y que confías en la persona a tu lado. Esto señala que no necesitas protegerte con los brazos, sino que te sientes sereno en la situación actual. Sin embargo, existe el riesgo de que este gesto sea malinterpretado como un intento de ocultar algo, por lo que es esencial mantener siempre las manos visibles.

Permíteme añadir otro punto en relación con los brazos. Con el tiempo, gestos como mantener las manos abiertas, las palmas hacia arriba y otros signos de «apertura» con manos y brazos se han convertido en símbolos de una actitud amistosa. Un buen ejemplo es el saludo militar adoptado por diversas fuerzas armadas de todo el mundo. Las manos abiertas frente a un adversario, con las palmas hacia abajo o hacia arriba, son una clara demostración de cordialidad.

Durante la Edad Media, los caballeros usaban un gesto similar durante los desfiles, levantando la visera de sus cascos con la mano abierta para indicar a su oponente que no había peligro, estableciendo así un contacto visual amistoso. Hoy en día, cualquier gesto con la palma abierta sugiere amabilidad y falta de agresividad. Por lo tanto, prestar atención a este tipo de actitud es ciertamente valioso en las interacciones sociales. Las manos que se abren hacia arriba indican un ambiente amistoso, mientras que la presencia de un puño puede interpretarse como un signo de agresividad y defensa.

En el contexto del contacto físico, es crucial tener en cuenta la situación circundante. Por ejemplo, abrazar a alguien en un momento de tristeza tiene sentido, mientras que un contacto no justificado puede resultar incómodo o indeseado. La regla del «brazo de distancia» es una guía segura a seguir. Además, el contacto amistoso, como una palmadita en el hombro o un ligero toque en el codo, puede contribuir a una interacción más cercana, pero debe modularse según el nivel de confianza entre las partes involucradas. Por lo tanto, es aconsejable limitar el contacto físico a apretones de manos con personas con las que no se tiene intimidad e intensificarlo gradualmente a medida que avanza la interacción. Siempre es prudente evitar el contacto físico cuando no se está seguro de que pueda considerarse apropiado.

CAPÍTULO 14: PECHO, TORSO Y ABDOMEN

El pecho, el torso y el abdomen constituyen la parte central de nuestro cuerpo, aparentemente estática pero rica en significados en el lenguaje corporal. En este capítulo, nos centraremos en esta región y descubriremos los matices expresivos que puede transmitir.

Cuando una persona empuja el pecho hacia adelante, suele indicar que siente atracción por ti. Mientras que las mujeres lo hacen para realzar el pecho, los hombres lo utilizan para mostrar fuerza. Si no es un signo de atracción, podría indicar un deseo de ejercer dominio sobre ti o simplemente expresar confianza en sus propias habilidades. Sin embargo, es crucial interpretar este gesto considerando otras señales corporales y el contexto circundante, ya que podría transmitir un desafío o una amenaza.

Por el contrario, cuando una persona retrae el pecho hacia adentro, denota sentimientos de miedo y vulnerabilidad. Este gesto puede manifestarse al percibir una amenaza o al ser atacado, lo que refuerza lo comentado anteriormente sobre la inclinación de los hombros hacia adelante. A menudo, las personas combinan dos actitudes de lenguaje corporal al mismo tiempo.

El pecho juega un papel crucial cuando alguien se inclina hacia adelante. Las personas se acercan a otras inclinándose hacia adelante cuando se sienten atraídas, interesadas por lo que se dice o desean acercarse al interlocutor. Este gesto también puede indicar un deseo de ejercer poder sobre alguien o de mostrar dominio, por lo que es importante discernir entre ambas intenciones observando otras señales del lenguaje corporal.

Ya hemos abordado la respiración anteriormente, pero el movimiento del pecho puede amplificar su significado. Observar cómo se mueve el pecho permite entender cómo respira una persona.

A continuación, examinaremos el papel del torso en el lenguaje corporal. Por ejemplo, una señal relevante ocurre cuando una persona se toca el abdomen. Este gesto puede manifestarse si alguien no se siente bien después de comer en exceso, está estresado o preocupado.

La persona que retrae el abdomen puede desear parecer más delgada y atractiva, mientras que quien lo expande puede sentirse muy segura de sí misma o desear más espacio. Es importante distinguir entre estas actitudes a través de otras señales de lenguaje corporal que muestre la persona.

En conclusión, aunque el pecho, el torso y el abdomen

puedan parecer inmóviles, desempeñan un papel significativo en el lenguaje corporal. Con esta información, deberías ser capaz de descifrar lo que una persona intenta comunicar a través de los movimientos de esta sección central del cuerpo.

CAPÍTULO 15: LA POSTURA Y SU PAPEL EN EL LENGUAJE CORPORAL

En este capítulo exploraremos el papel que desempeña el movimiento del cuerpo en la comunicación. Hasta ahora, nos hemos centrado en partes individuales del cuerpo, como los brazos, pero es igualmente esencial abordar cómo el cuerpo en su totalidad puede transmitir mensajes a los demás.

Empecemos analizando el lenguaje de las piernas. Las piernas, que se utilizan de múltiples maneras a lo largo del día, comunican eficazmente nuestro estado emocional cuando estamos de pie. Si una persona mantiene los pies separados, manifiesta una sensación de comodidad y seguridad en la situación, revelando confianza en sus capacidades. Las piernas más abiertas que el ancho de los hombros pueden indicar un deseo de ocupar una posición dominante en el grupo, mientras que las piernas juntas pueden reflejar preocupación o miedo por encontrarse en una situación amenazante. Si una persona está de pie con las piernas abiertas, exponiendo sus genitales, podría ser un signo de atracción; si, por el contrario, mantiene los pies separados, uno delante del otro, podría indicar inseguridad, preparación para un posible ataque o un deseo de ser seguido.

Continuemos examinando el lenguaje de los glúteos. Empujar los glúteos hacia adelante puede sugerir atracción, aunque en algunos contextos este gesto podría interpretarse como una provocación. Es fundamental distinguir entre estas actitudes considerando otras señales del lenguaje corporal que transmite la persona.

Si una persona mueve el trasero, puede estar intentando llamar tu atención. Este gesto, a menudo interpretado como una forma de atraer a los demás, no suele ser ofensivo y se utiliza comúnmente en contextos de baile para atraer al sexo opuesto.

El ejemplo anterior ilustra cómo la danza es un método de comunicación no verbal que transmite mensajes específicos. En muchas culturas del mundo, la danza forma parte integral de los rituales de apareamiento, con diferentes estilos utilizados como señales de disponibilidad, desde las danzas animadas de las tribus americanas hasta los elegantes bailes de las cortes. En ambos casos, la danza resulta ser un medio de comunicación instintivo y primario.

Otro aspecto a tener en cuenta es la postura, ya sea de pie o sentado. Por ejemplo, si te sientas con las manos sobre las rodillas, la espalda recta y los pies apoyados en el suelo, manifiestas atención e interés en la conversación. Sin embargo, si te inclinas hacia adelante y da la impresión de querer levantarte, puede parecer desinteresado en la conversación, sugiriendo un deseo de marcharse pronto.

Si te sientas con la espalda inclinada hacia adelante hasta el punto en que los codos tocan las rodillas y las manos apoyan la cabeza, puede indicar un deseo de que te dejen solo, quizás debido al estrés o al enojo.

Si te sientas con la espalda girada hasta el punto en que los codos se apoyan en las rodillas y las manos descansan suavemente frente a ti, podría reflejar falta de confianza en ti mismo, como si aceptaras pasivamente el destino sin sentirte capaz de influir en él.

Examinemos ahora las posturas erguidas. Si estás de pie con los brazos en la espalda y un brazo agarra al otro, es probable que estés enfadado. Este gesto puede representar una reacción primitiva para evitar herir o golpear a otra persona. Si mantienes los brazos cruzados delante del pecho mientras estás de pie, es posible que te sientas amenazado o simplemente incómodo en la situación actual. Si relajas el cuerpo, dejando que los brazos cuelguen y adoptas una postura todo menos erguida, podría indicar un profundo cansancio o frustración por un día insatisfactorio. Si te pones de pie con los brazos a los lados y las manos cerradas en puños, podría denotar un alto nivel de estrés o ansiedad por algo inminente. En cambio, si mantienes las manos relajadas delante del cuerpo, indica que controlas completamente tu cuerpo y te sientes cómodo en la situación actual.

La postura adquiere un significado especial cuando te

pones de pie con los brazos cruzados en ángulo y el puño en un costado. Esta postura sugiere que estás preparado para enfrentar lo que está por venir, expresando confianza en tus capacidades o simplemente tu disposición a explorar nuevas experiencias. Por el contrario, si te pones de pie con los brazos a los lados y las manos y los dedos apoyados suavemente en las piernas, transmites una aura de amabilidad y disposición a relajarte. Esta actitud indica que no estás estresado y que estás abierto a lo que te ofrece el entorno. También sugiere que es agradable conversar contigo. Tu postura no solo invita, sino que ofrece comodidad, animando a las personas a estar a tu lado.

Las múltiples formas de estar de pie o sentado con tus amigos ofrecen distintas facetas de tu personalidad. Las posturas proporcionan a los demás una instantánea de tu estado de ánimo y, al mismo tiempo, te permiten interpretar las emociones de los demás basándote en sus expresiones corporales. Si entiendes estos "bailes" no verbales, podrás descifrar a las personas simplemente observando su postura, ya sea que estén de pie o sentadas.

CAPÍTULO 16: REFLEJO, MICROEXPRESIONES Y ALTURA

Empezaremos examinando el concepto de "mirroring" (espejeo), un fenómeno del lenguaje corporal que las personas utilizan para establecer conexiones y conocerse. El mirroring, un comportamiento instintivo e involuntario, ocurre cuando, durante una conversación, tendemos a imitar las acciones de nuestro interlocutor. Por ejemplo, si ves a alguien bostezar, es posible que tú también lo hagas. Este fenómeno, conocido como mirroring, es la base de la contagiosidad del bostezo. Sin embargo, a diferencia de una infección, no es algo que la gente pueda contagiar intencionalmente. La sonrisa es otro ejemplo común de reflejo.

Beatrice de Gelder, en su artículo de 2003 "On the Neurobiology of Emotional Body Language" (Sobre la neurobiología del lenguaje corporal emocional), señalaba cómo una zona específica del cerebro interviene tanto en la creación como en el reconocimiento de las expresiones faciales. Esto significa que las personas tienden a imitar instintivamente las expresiones faciales de quienes les rodean. Esta capacidad es crucial para interpretar el lenguaje corporal, ya que ayuda a distinguir si las emociones mostradas son auténticas o simplemente un reflejo de las emociones de los demás. El primero en expresar una emoción suele ser quien realmente la está sintiendo, mientras que aquellos que imitan esa emoción pueden no compartir el estado emocional genuino.

El reflejo es una teoría científica que va más allá del nivel individual. Este fenómeno nos permite conectar con los demás y sentirnos similares a ellos. Es un aspecto del lenguaje corporal que escapa a nuestro control y que, por lo general, no podemos manipular. Cualquiera que haya intentado contener un bostezo cuando otra persona lo está haciendo puede dar fe de su poder. Aunque dificulta la ocultación de emociones, es extremadamente útil para interpretar el lenguaje corporal de los demás, ya que a menudo revela emociones que las personas no pueden esconder.

Un aspecto interesante del mirroring es su capacidad para hacernos sentir emociones distintas a las iniciales. Por ejemplo, si pasas tiempo con personas que sonríen constantemente y comienzas a imitarlas, es probable que experimentes un aumento en tu felicidad. Del mismo modo, si te relacionas con personas que bostezan frecuentemente, es posible que de repente te sientas más cansado, aunque normalmente descanses bien por la noche.

Las microexpresiones, parte integral de la comunicación

no verbal asociada a las expresiones faciales y el lenguaje corporal, representan respuestas involuntarias que a menudo están en desacuerdo con las reacciones voluntarias. Por ejemplo, durante una cita, una persona puede intentar parecer simpática y agradable (respuesta voluntaria), pero expresar nerviosismo a través de microexpresiones, como una mala postura o la forma en que mantiene los brazos cruzados (respuesta involuntaria). De este modo, la sonrisa puede sugerir apertura y familiaridad, mientras que los brazos y las piernas revelan algo completamente distinto.

Por último, es esencial prestar atención a señales más sutiles de la comunicación no verbal. Aunque tu interlocutor intente claramente parecer amable, puede estar experimentando sentimientos completamente diferentes. Por lo tanto, es crucial observar atentamente su actitud hacia las personas que le rodean.

A continuación, analizaré cómo la estatura afecta al lenguaje corporal. A menudo, las personas más altas son percibidas como más poderosas, mientras que las más bajas pueden ser objeto de estereotipos y bromas en determinadas circunstancias. Las personas de mayor estatura suelen exhibir un lenguaje corporal más obvio, fácilmente detectable por quienes las rodean y a menudo más incisivo. Esto no implica que las personas de menor estatura no puedan utilizar su lenguaje corporal en su beneficio; simplemente puede que tengan que esforzarse un poco más en este aspecto.

Sin embargo, la palabra clave cuando se habla de estatura es "postura". ¿De qué sirve ser alto si se tiene una mala postura? En lugar de irradiar un aura imponente, puede parecer débil y sumiso. Por el contrario, una persona de baja estatura con una buena postura, los hombros abiertos y la cabeza erguida, transmitiría inmediatamente una imagen de relajación y confianza. En este caso, el interlocutor percibiría inmediatamente la presencia de una persona relajada y confiada, que transmitiría mucha más seguridad que una persona más alta.

En conclusión, comprender las señales más sutiles provenientes de respuestas involuntarias, como las microexpresiones, te dará la ventaja que necesitas para interpretar a las personas al instante, a pesar de sus esfuerzos evidentes por intentar influir en tu percepción de sus estados emocionales.

CAPÍTULO 17: EL LENGUAJE CORPORAL Y LA MENTIRA

Comprender si alguien dice la verdad o miente puede ser un desafío, pero afortunadamente existen métodos que nos ayudan a responder a esta pregunta. En este contexto, el lenguaje corporal se presenta como una herramienta excelente, utilizada frecuentemente por profesionales en prisiones y sistemas judiciales para discernir la inocencia o culpabilidad de los delincuentes. En este capítulo, exploraremos cómo observar atentamente a las personas mientras hablan puede revelar si están mintiendo o diciendo la verdad.

Empezaremos analizando el significado de gestos como tirarse de la oreja. Normalmente, cuando una persona miente, tiende a tocarse o a tirarse de la oreja. Este gesto puede estar relacionado con la necesidad de asegurar el flujo sanguíneo en las orejas y controlar la tensión arterial, dos factores que influyen en el sistema nervioso en situaciones de ansiedad. Rascarse el cuello o ajustar el cuello del vestido son otros signos de tensión nerviosa que suelen asociarse con la mentira. Si una persona realiza estos gestos durante una conversación, podría estar ocultando la verdad.

Si durante una conversación una persona se toca los ojos o se los frota, podría ser una señal inconsciente de un deseo de cubrirse o evitar la mirada. Este gesto puede estar asociado con un sentimiento de vergüenza provocado por la mentira. Taparse la boca con la mano también es un comportamiento que podría indicar que se está mintiendo, ya que puede estar relacionado con un instinto primario de ocultar la verdad desde la infancia.

Tocarse la nariz también podría ser un indicador de mentira, ya que este gesto puede proporcionar consuelo a muchas personas, manifestándose al rascarse o tocarse ligeramente. Al analizar la postura corporal, es posible identificar signos de mentira, como una postura cerrada, caracterizada por retraer la barbilla y cruzar los brazos contra el cuerpo. Cruzar las piernas y girar el cuerpo en otra dirección también pueden indicar un intento de hacer el cuerpo menos intimidatorio, lo que puede ayudar a que la mentira sea más creíble.

El movimiento de los ojos también puede revelar si tu interlocutor es sincero o intenta engañarte. Si notas que una persona evita el contacto visual, podría ser una señal clara de que está mintiendo. Por el contrario, un contacto visual excesivo podría indicar que la persona se esfuerza demasiado por convencerte de su sinceridad. Si el contacto visual no parece natural, puede ser una señal de que la persona no está diciendo la verdad al hablar. Los ojos que se mueven rápidamente de un lado a otro, observando frenéticamente la habitación, podrían revelar nerviosismo o un intento de ocultar la verdad. Si una persona es consciente de la importancia de este comportamiento, puede intentar cambiarlo mirando fijamente durante demasiado tiempo o de manera excesiva. De nuevo, un uso antinatural de los ojos podría indicar un intento de evitar la verdad.

Además, la forma en que una persona mira puede proporcionar pistas valiosas. Cuando las personas dicen la verdad, suelen mirar en una dirección específica, mientras que cuando mienten, a menudo miran en la dirección opuesta. Este comportamiento está relacionado con el hemisferio dominante del cerebro de cada individuo. Por ejemplo, si una persona es diestra, mirará hacia la izquierda cuando diga la verdad; si es zurda, mirará hacia la derecha. Aunque esta técnica no es infalible, puede ser un truco útil para detectar intentos de ocultar la verdad.

Otras señales del lenguaje corporal que llaman la atención cuando se trata de mentir son los signos de nerviosismo. Si una persona está de pie y muestra agitación, puede ser una señal de que está mintiendo. Aparecer sudoroso y respirar superficialmente son otros indicadores de que algo puede no ser veraz. Tanto si estos signos son evidentes como si no, si una persona actúa de forma extraña durante una conversación, es importante considerar que puede no estar siendo sincera. Después de adquirir la información de este capítulo, deberías ser capaz de reconocer cuándo las personas que te rodean están mintiendo. Se te han proporcionado numerosas herramientas, y al utilizarlas de manera combinada, podrás descubrir la verdad.

Por lo tanto, es fundamental que observes atentamente todos los movimientos, incluso los más sutiles, de tu interlocutor. Prestar atención puede revelarte mucho más de lo que crees, permitiéndote detectar numerosas señales relacionadas con el comportamiento de una persona que quizás no habías considerado inicialmente.

CAPÍTULO 18: SEÑALES EMOCIONALES, ATRACTIVAS, RELACIONALES Y DE PODER

Ahora que hemos explorado diferentes formas de lenguaje corporal, centrémonos en las señales específicas que puede transmitir. Empecemos analizando las señales emocionales, y la primera de ellas es el llanto. El llanto es una señal emocional muy evidente, como lo demuestra la reacción de las personas cuando alguien empieza a llorar. A menudo, el primer signo reconocible es una expresión facial que se vuelve triste o unos ojos que se llenan de lágrimas.

En general, el llanto se considera una manifestación sincera de emociones, ya sean de alegría o de tristeza. Por ejemplo, las «lágrimas de alegría» son una realidad, sobre todo en situaciones muy emotivas. Sin embargo, hay que tener cuidado cuando las lágrimas se utilizan para manipular a los demás, un comportamiento que se observa a menudo en los niños. Es frecuente ver a un niño utilizar «lágrimas de cocodrilo» para intentar conseguir lo que quiere. Por lo tanto, es esencial mantenerse alerta y evaluar el contexto en el que una persona derrama lágrimas.

A continuación, examinamos las señales emocionales de una persona enfadada. Cuando una persona está enfadada, las cejas suelen bajar y, a veces, formar una V. Los ojos pueden abrirse de par en par, y la mirada puede volverse intensa. Los ojos pueden agrandarse y la boca abrirse. La persona puede adoptar una postura que exprese dominio o cruzar los brazos alrededor del cuerpo.

Cuando las personas se sienten estresadas o ansiosas, también muestran señales emocionales. A menudo, mueven el cuerpo o las manos rápidamente en pequeños gestos conocidos como «respingos», que pueden provocar temblores o el golpeteo de un pie. La cara también se ve afectada por los cambios emocionales.

Si una persona se siente avergonzada, mostrará señales específicas, como sonrojarse, mirar a menudo a su alrededor y evitar el contacto visual. También puede reírse para aliviar la tensión.

Los signos de orgullo varían desde una pequeña sonrisa hasta inclinar la cabeza hacia atrás, manteniendo las manos en las caderas en una pose de arrogancia.

Pasemos ahora a examinar los signos que muestra una persona cuando se siente atraída por ti. En este caso, puede buscar más el contacto visual de lo que lo haría normalmente. Puede acercarse más de lo que lo haría en una conversación habitual. Las mujeres pueden poner las manos en las caderas y sacar pecho para parecer más femeninas, mientras que los hombres pueden adoptar una postura que les haga parecer más fuertes. Pueden lanzarte miradas coquetas, tocarte suavemente, reírse más de tus chistes y sonreír ante tus palabras.

El lenguaje corporal relacional es cambiante y se adapta a las personas con las que te rodeas y a los interlocutores con los que interactúas. Cuando conversas con tu pareja o con otras personas importantes, puedes mostrar signos de atracción o intimidad. Con los miembros de la familia, el lenguaje corporal será similar, excluyendo los detalles de la relación romántica. En el trabajo, con los compañeros, puede que bromees mientras mantienes una actitud profesional. Al dirigirte a un cliente potencial, es fundamental demostrar que estás a su altura. Con un desconocido, debes adoptar un tono amistoso, mientras que con un enemigo, querrás comunicar desinterés por pasar tiempo juntos. El lenguaje corporal relacional se adapta a las personas y a las situaciones, incorporando diferentes tipos de señales en función del contexto.

Para concluir, exploraremos las señales de poder relacionadas con el lenguaje corporal. El lenguaje corporal de poder comprende una serie de movimientos que atraen y captan la atención durante la comunicación. Estos gestos transmiten confianza y determinación en tus acciones, destacando tu fiabilidad y competencia en tu campo de especialización. Los rasgos de confianza suelen asociarse con buenos líderes y pueden aprenderse e integrarse mediante la práctica constante y el autoconocimiento.

Un ejemplo tangible del aprendizaje de rasgos de liderazgo puede encontrarse en la esfera política. Los políticos en activo, especialmente aquellos en altos cargos gubernamentales, cultivan cuidadosamente su imagen gracias a su pericia en el lenguaje corporal. Además de gestos evidentes como la sonrisa y el contacto visual, utilizan gestos enérgicos, como levantar los brazos, apretar los puños y colocar las manos en las caderas, para transmitir una imagen de fuerza. Estas acciones aparentemente espontáneas son el resultado de una cuidadosa preparación.

Cabe señalar que los líderes más auténticos comunican estas emociones de forma natural, sin necesidad de entrenadores. Estos líderes están en sintonía con tales gestos, siendo honestos y sinceros. Aplicar estas técnicas también puede ser útil en diferentes contextos, como discursos públicos o en la persuasión. Puedes planificar gestos y expresiones faciales específicas para reforzar tu mensaje verbal y alinear eficazmente tu discurso con las señales no verbales.

CAPÍTULO 19: LO QUE EL LENGUAJE CORPORAL PUEDE APORTAR A TU VIDA COTIDIANA

Somos conscientes de que el lenguaje corporal puede ofrecer considerables beneficios en tu vida. Al aprender a interpretar los movimientos de tu cuerpo, puedes presentarte ante los demás de la manera deseada y comprender mejor los sentimientos de las personas que te rodean.

Una de las primeras ventajas que la competencia en la lectura del lenguaje corporal puede aportar a tu vida es la capacidad de ayudar a los demás. Si observas que alguien suele estar triste o deprimido, su lenguaje corporal puede proporcionarte información valiosa y permitirte acercarte a esa persona. En caso de que la persona no pueda pedir ayuda directamente, podrías incluso salvarle la vida al leer sus señales emocionales. Las señales a las que hay que prestar atención en estas situaciones pueden incluir llanto frecuente, falta de contacto visual, una postura que sugiere inseguridad, movimientos más lentos de lo normal o una participación limitada en la conversación. La persona puede adoptar una postura encorvada inusual o mantener la cabeza inclinada hacia abajo. Si puedes identificar este tipo de comportamiento y tienes la oportunidad de acercarte para ofrecer apoyo, podrías hacer una diferencia significativa para alguien que está atravesando dificultades y que tal vez nunca haya recibido ayuda antes.

La depresión no es la única enfermedad mental que puede detectarse leyendo el lenguaje corporal. Muchas formas de ansiedad, como la ansiedad social, el trastorno de ansiedad generalizada (TAG) y los ataques de pánico, también se manifiestan de forma similar. Por ejemplo, si observas que alguien que normalmente está tranquilo se retuerce las manos, tamborilea incesantemente con los pies o está en constante movimiento, podría ser un signo de ansiedad, independientemente del contexto. Un amigo que permanece inmóvil con los brazos cruzados y respira con dificultad podría estar experimentando un ataque de pánico inminente. Al igual que con la depresión, es posible intervenir en situaciones de ansiedad y ofrecer apoyo a quien lo necesite.

El lenguaje corporal también puede darte la capacidad de interactuar de forma atractiva con los demás, como se ilustró en el capítulo anterior sobre cómo utilizar el lenguaje corporal para crear nuevas amistades o encontrar parejas románticas y personas significativas en tu vida.

Por último, el lenguaje corporal puede actuar como una forma de protección. Puede indicarte si alguien podría ser peligroso o si no está de acuerdo con lo que dices. Si detectas signos de enfado, como la barbilla caída, las cejas fruncidas y una respiración más profunda de lo normal, puede ser el momento de cambiar de tema para calmar la situación.

El lenguaje corporal también es un poderoso aliado en los desafíos profesionales. Poseer la elocuencia no verbal de un líder puede suscitar el interés de quienes te rodean y aumentar la probabilidad de que escuchen lo que tienes que decir. Un lenguaje corporal seguro transmite la imagen de una persona exitosa, un aspecto crucial para conseguir la oportunidad profesional que siempre has soñado. Para lograrlo, mantén una postura erguida, establece contacto visual frecuente y sonríe con regularidad. Levanta la cabeza y los demás te percibirán de la manera deseada.

El lenguaje corporal también puede convertirse en una herramienta eficaz para comunicar malestar o desaprobación sin necesidad de palabras. Si alguien dice algo ofensivo y deseas expresar tu desacuerdo sin manifestarlo verbalmente, puedes reducir el contacto visual y bajar la mirada. Cruza los brazos sobre el pecho e inclina la cabeza. Deja de sonreír. Estas señales sutiles pero elocuentes pueden transmitir tu estado de ánimo.

En el ámbito profesional, puedes utilizar el lenguaje corporal para persuadir a tus colegas de que participen en una actividad. Elimina las distracciones, establece contacto visual y adopta un lenguaje corporal atractivo. Esto fomentará una mayor aceptación por parte de los demás y les motivará a seguirte.

Cuando desees establecer una relación profesional con alguien, un inicio de conversación con un firme apretón de manos puede expresar respeto mutuo, ayudando así a construir una base sólida para la colaboración.

Si quieres contagiar alegría y hacer felices a quienes te rodean, no hay nada más eficaz que una sonrisa sincera. Tu sonrisa puede influir positivamente en los demás, haciendo que reflejen tu alegría y creando un ambiente más positivo para todos.

El lenguaje corporal también puede perfeccionarse mediante una forma persuasiva de hablar y una mayor capacidad para hacerse oír. Hablar con las manos puede captar la atención de quienes te rodean, mejorando tu capacidad general de comunicación y convirtiéndote en un orador más convincente.

En definitiva, está claro que leer el lenguaje corporal puede aportarte importantes beneficios en múltiples aspectos de tu vida. Utiliza sabiamente los consejos de este capítulo para enriquecer tu experiencia desde diversas perspectivas.

CAPÍTULO 20: CÓMO UTILIZAR EL LENGUAJE CORPORAL EN TU BENEFICIO

Ahora que hemos examinado detalladamente todos los aspectos del lenguaje corporal y adquirido un profundo conocimiento sobre cómo interpretarlo, ha llegado el momento de aprender a utilizar esta habilidad en nuestro beneficio. Después de todo, es probable que hayas adquirido este libro precisamente con el propósito de aprender estas habilidades y que hayas seguido leyéndolo hasta este punto.

Comencemos por ver cómo puedes utilizar el lenguaje corporal para hacer nuevas amistades. Si sueles asistir a eventos sociales con la esperanza de conocer gente nueva, pero esto no sucede, comprender el lenguaje corporal que transmites y ser capaz de interpretar el de las personas que te rodean puede resultarte extremadamente útil.

Lo primero que debes hacer es mostrarte amable y abierto a la conversación. Sonríe y mantén contacto visual con las personas que te rodean. Asegúrate de adoptar una postura abierta, con los pies y los hombros separados. Luego, observa el lenguaje corporal de las personas cercanas. Si alguien adopta una postura cerrada o muestra signos de desinterés, es posible que no sea un buen candidato para una nueva amistad. Busca a alguien que muestre un lenguaje corporal similar al tuyo.

Otro consejo, una vez que inicies una conversación con una persona amistosa, es que utilices tus recién adquiridas habilidades de reflejo. Sonríe cuando ellos sonrían y refleja su lenguaje corporal para crear una conexión inmediata. Este enfoque puede hacer que crear nuevas amistades sea más fácil de lo que imaginas.

Ahora veamos cómo utilizar el lenguaje corporal para encontrar pareja. Encontrar una relación es similar a hacer nuevas amistades. Utiliza las mismas herramientas de lenguaje corporal para mostrarte abierto y acogedor, pero añade elementos románticos. Mantén una postura erguida, con el pecho hacia afuera, para mostrarte atractivo. También puedes rozar suavemente a la persona durante la conversación para indicar interés. Reírte de sus chistes puede ayudar a demostrar tu interés.

Es posible que en algún momento necesites utilizar el lenguaje corporal para tener éxito en el trabajo. En este caso, una herramienta útil es la «Postura de poder». Intenta parecer seguro y digno de confianza, utilizando un lenguaje corporal firme que demuestre que eres un líder competente y que mereces avanzar en tu carrera. Hemos visto diversas formas de utilizar el lenguaje corporal en beneficio propio en la vida, pero también es importante comprender cómo puede ayudarnos a interpretar las intenciones de los demás observando su lenguaje corporal.

Empecemos explorando cómo la capacidad de interpretar el lenguaje corporal puede ser invaluable para detectar mentiras. A menudo, observando detenidamente los sutiles movimientos del cuerpo de una persona durante una conversación, es posible adivinar si está ocultando la verdad. Observa si se toca la nariz, mueve nerviosamente los dedos o evita el contacto visual prolongado; todos estos pueden ser indicios de que la persona no es completamente sincera. El lenguaje corporal puede revelar su falta de sinceridad, por ejemplo, evitando el contacto visual para encubrir la falsedad de su discurso.

Puedes utilizar el conocimiento del lenguaje corporal, ya sea para interpretarlo o para ajustarlo, para manejar situaciones incómodas o desagradables. Imagina que estás en un bar con un amigo y se te acerca un desconocido mientras pides algo de beber. Si notas signos de interés más allá de la amistad, puedes ajustar tu lenguaje corporal para dejar claro que no te interesa. Gestos como cruzar los brazos sobre el pecho y evitar el contacto físico o visual pueden comunicar tu desinterés. Esto puede disuadir a la persona no deseada. Si es necesario, también puedes adoptar gestos que sugieran una relación romántica con tu amigo, para incitar a la otra persona a retirarse.

Además, el lenguaje corporal puede convertirse en una herramienta de defensa en situaciones potencialmente peligrosas. Si alguien muestra signos de enfado, observar su lenguaje corporal puede proporcionar pistas cruciales sobre sus intenciones. Si lleva un brazo a la espalda, podría indicar que está intentando contenerse para no hacerte daño. Un pecho inflado podría ser una señal de intimidación mediante la fuerza. Esta conciencia te permite interpretar el lenguaje corporal en situaciones difíciles, lo que te permite protegerte o prepararte para lo peor.

Asimismo, el lenguaje corporal puede usarse para proteger a los demás de situaciones embarazosas o peligrosas. En situaciones incómodas o peligrosas, hablar o moverse puede resultar extremadamente difícil. Alguien capaz de interpretar el lenguaje corporal podría intervenir y salvar a otra persona. No se trata solo de un concepto teórico, sino de una realidad que quienes han vivido tales situaciones comprenden perfectamente.

Durante mi último año de universidad, decidí pasar una noche en un bar concurrido cerca de nuestra facultad con algunos amigos. El objetivo era simplemente divertirnos y relajarnos después de los exámenes de invierno. Al ser sábado por la noche, el lugar estaba abarrotado, y cada uno de nosotros se dedicó a sus propias actividades: unos bailaron, otros bebieron, algunos charlaron y otros flirtearon, aunque con resultados dispares. Al cabo de unas horas, decidimos reunirnos en el bar. Fue entonces cuando me di cuenta de la ausencia de una de nuestras amigas. Al mirar alrededor, la vi junto a la pared con un tipo que parecía tenerle rencor. A pesar de su sonrisa y su risa, algo me hizo sospechar.

La observé atentamente y me di cuenta de que mi amiga no dejaba de cruzar los brazos sobre el pecho, mostrando tensión cada vez que el chico se acercaba. Su sonrisa, aparentemente abierta, no llegaba a sus ojos, que parecían desviarse mientras él hablaba. Por su lenguaje corporal, era evidente que la situación la incomodaba. Sin dudarlo, decidí acercarme para comprobar si todo estaba en orden. El tipo desapareció rápidamente al acercarme, dejando una sensación de alivio en mi amiga. Me confió que el hombre la había seguido toda la noche, con acercamientos inapropiados y sin darle un momento de paz. Además, le había insinuado que llevaba un arma, por lo que ella se resistía a rechazarle. Gracias a mi capacidad para leer el lenguaje corporal, pude detectar su malestar y ayudarla a salir de una situación potencialmente peligrosa.

En conclusión, tu capacidad para comprender tus propios gestos y comportamientos te permitirá comunicarte con autenticidad, transmitiendo la información correcta a los demás. Después de todo, todos los lenguajes, incluido el corporal, tienen el propósito de transmitir un mensaje a las personas.

CAPÍTULO 21: DIFERENCIAS DEL LENGUAJE CORPORAL EN OTRAS CULTURAS

Cuando interactúas con personas de culturas diferentes a la tuya, es fundamental prestar atención a las señales corporales, ya que pueden tener significados variados. Muchos gestos del lenguaje corporal pueden compartir similitudes entre culturas, pero otros pueden diferir significativamente.

Por ejemplo, el apretón de manos y sus matices pueden variar considerablemente entre regiones del mundo. Mientras que en las culturas occidentales un apretón de manos firme se considera positivo, en algunos países de Europa del Este puede interpretarse como grosero o incluso agresivo. En tales contextos, el gesto de inclinarse puede ser más apropiado.

Los gestos con las manos también tienen significados diferentes en distintas partes del mundo. Por ejemplo, el gesto de levantar el pulgar, comúnmente interpretado como positivo en muchas culturas, se considera ofensivo en Grecia y otros países de Oriente Medio. Levantar el dedo meñique en Japón se considera de muy mala educación, al igual que cruzar los dedos o hacer el signo de «OK» en Brasil. Cada cultura puede tener gestos que, aunque inofensivos en un contexto, son ofensivos en otro. Por ejemplo, hacer el gesto de morderse el pulgar en el Reino Unido equivale a levantar el dedo corazón.

Incluso el gesto común de «ven aquí» con el dedo índice puede variar mucho en su interpretación. En algunos países asiáticos o de Oriente Medio puede considerarse ofensivo, mientras que en otros contextos está perfectamente aceptado. Estos matices culturales son especialmente cruciales cuando viajas por el mundo.

El contacto visual tiene significados diversos en diferentes partes del mundo. Mientras que en Estados Unidos suele interpretarse como un signo positivo de interés, en Oriente Medio generalmente está permitido solo entre personas del mismo sexo. En algunas culturas asiáticas y africanas, el contacto visual puede percibirse como una amenaza. Además, en algunas regiones del mundo se considera una señal de respeto no mantener contacto visual con personas de niveles sociales o económicos superiores. Por ejemplo, un niño puede evitar mirar directamente a una persona mayor como señal de respeto.

Conocer estas costumbres es esencial para evitar ofensas involuntarias y facilitar la comunicación intercultural.

Mover la cabeza de un lado a otro generalmente se interpreta como un «no», pero en algunas culturas, como en

Europa del Este, puede indicar comprensión de lo que dice la otra persona. Así, los gestos con la cabeza pueden tener significados diversos, subrayando la importancia de ser claro con el interlocutor para evitar malentendidos.

El contacto físico representa una forma de lenguaje corporal que varía significativamente entre culturas. Por ejemplo, en las culturas del norte y este de Europa, el contacto físico suele ser limitado; aunque puede darse un apretón de manos, no es común el contacto físico directo e incluso un ligero roce puede malinterpretarse.

En otras culturas, el contacto físico es más común y aceptado. En países como España, por ejemplo, besarse en la mejilla es una práctica habitual incluso entre personas que apenas se conocen. Este gesto fomenta la interacción social y facilita el conocimiento mutuo. Sin embargo, es importante señalar que las normas de proximidad (proxémicas) varían significativamente de una cultura a otra. Algunas culturas europeas y asiáticas prefieren la interacción cercana, mientras que otras valoran un espacio personal más amplio. Por lo tanto, es crucial ser consciente de estas diferencias, especialmente si tu cultura otorga especial importancia al espacio personal.

Algunos países tienen normas específicas sobre el contacto físico. Por ejemplo, en Tailandia, tocar la cabeza de una persona se considera inapropiado y debe respetarse como norma cultural.

Otro aspecto en el que el lenguaje corporal puede convertirse en una barrera cultural es la postura al sentarse.

En Japón, sentarse con las piernas cruzadas podría interpretarse como una falta de respeto hacia los demás presentes, mientras que en Oriente Medio, mostrar la suela de los zapatos podría considerarse un gesto de descortesía.

Es evidente cómo el lenguaje corporal está profundamente influenciado por las diferencias culturales. Al interactuar con una cultura diferente, es crucial aprender las expectativas del lenguaje corporal específicas de esa región. Utilizar la información proporcionada en este libro o buscar convenciones culturales detalladas en línea puede ayudarte a evitar comportamientos que puedan resultar irrespetuosos para la población local.

Respetar las normas del lenguaje corporal de otra cultura es un comportamiento que todos deberíamos adoptar. Aunque te encuentres en un entorno nuevo y conozcas a alguien de otro país con raíces culturales diferentes, es esencial que hagas todo lo posible por respetar sus costumbres. Si tienes un conocimiento limitado de la cultura y las expectativas de la otra persona, puedes utilizar la técnica del reflejo. Al reflejar el lenguaje corporal de la otra parte, es probable que puedas sintonizar con las costumbres a las que está acostumbrado tu interlocutor, incluso sin conocerlas explícitamente. Este aspecto es crucial y requiere una conciencia constante.

Sin embargo, es fundamental recordar que, durante el reflejo, debes evitar que la intención de adoptar esta práctica resulte demasiado evidente. Un enfoque demasiado obvio podría ser malinterpretado por algunas personas como un comportamiento socialmente incómodo, mientras que otras podrían verlo como una burla, llegando incluso a ofender.

Al estudiar el lenguaje corporal de las personas que te rodean, es esencial no descuidar un estudio en profundidad de su cultura. Este enfoque contribuirá a una comprensión más profunda y fomentará interacciones más significativas con las personas implicadas.

CAPÍTULO 22: LEER EL LENGUAJE CORPORAL DEL NIÑO

Ya hemos aprendido que el lenguaje corporal puede tener distintos significados entre individuos de diferentes culturas, pero ¿sabías que leer el lenguaje corporal de los niños puede ser una experiencia única? En este capítulo, exploraremos las razones por las cuales el lenguaje corporal de los niños difiere, cómo interpretarlo y por qué es crucial que los padres y tutores comprendan estas señales.

En primer lugar, es esencial entender las razones que explican las diferencias en la lectura del lenguaje corporal de los niños. La primera razón radica en su corta edad y en que aún tienen un control limitado sobre sus emociones. Si un niño está triste, llorará; si está contento, sonreirá; si está enfadado, gritará y hará muecas; si está avergonzado, se sonrojará y ocultará la cara. Algunos niños incluso expresan explícitamente las emociones que experimentan. Los niños son nuevos en el mundo y no tienen incentivos para ocultar lo que sienten.

Por esto, su lenguaje corporal es muy fácil de interpretar. Su inexperiencia en el manejo de las emociones les lleva a expresar abiertamente lo que sienten. Al leer las emociones de un niño, se entra en contacto directo con lo que realmente siente.

Otro aspecto relevante en la lectura del lenguaje corporal de los niños es que, como aún no han aprendido a ocultar sus emociones, no son conscientes de las señales que transmiten a través de su cuerpo. A diferencia de los adultos, no son capaces de enviar señales contradictorias sobre lo que sienten.

Esta falta de conciencia facilita detectar cuándo un niño está mintiendo. Aunque un niño intente ocultar la verdad con palabras, su incapacidad para controlar su lenguaje corporal suele dejar pistas sobre si está mintiendo o está dispuesto a omitir partes de la verdad.

Por ejemplo, una amiga mía tiene una hija de cinco años a la que le encanta comer galletas de chocolate a escondidas antes de la cena. La madre siempre revisa la caja de galletas justo antes de la comida para asegurarse de que no falta ninguna. Luego, interroga a su hija esperando una confesión espontánea. Aunque la niña intenta mentir, un signo evidente revela su mentira: una amplia sonrisa en su rostro. Como cree que está evadiendo la situación con astucia, manifiesta un profundo orgullo por su engaño a través de una amplia sonrisa. Cuando se hace evidente que no escapará, la sonrisa da paso a una expresión diferente: la cabeza caída, los ojos vueltos hacia el suelo, señal de vergüenza por haber sido descubierta.

Cada persona tiene su propio comportamiento físico que le traiciona cuando miente, y afortunadamente para padres, tutores y profesores, los niños son incapaces de ocultarlo hasta que crecen y adquieren más experiencia tanto en mentir como en comprender su propio lenguaje corporal.

Ahora que hemos comprendido lo fácil que es interpretar el lenguaje corporal de un niño, centrémonos en la importancia de prestar atención a las señales que transmiten. Tanto si se está en contacto frecuente con niños como si no, es fundamental saber descifrar su lenguaje corporal para contribuir a garantizar la seguridad y protección de nuestros hijos. Al igual que leer el lenguaje corporal de un adulto puede ayudar a identificar situaciones peligrosas, podemos utilizar el mismo enfoque para comprender si un niño está en peligro. La dura realidad es que vivimos en un mundo en el que los niños son víctimas de abusos, secuestros y violencia. Debemos ser capaces de ayudarles a escapar de esas situaciones, aunque detectar algo sospechoso a su alrededor pueda resultar difícil.

La capacidad de interpretar el lenguaje corporal de un niño puede ayudarnos a detectar señales que van más allá de la dinámica normal. Precisamente porque los niños pequeños aún no han aprendido a controlar su lenguaje corporal, las emociones de incomodidad en presencia de un adulto determinado se manifiestan claramente a través de la forma en que se relacionan con esa persona. Por ejemplo, si el lenguaje corporal de un niño denota rigidez, hombros encorvados hacia adelante para intentar parecer más pequeño o evitación del contacto visual con todo el mundo, incluido el adulto presente, estos signos podrían indicar miedo hacia algo o alguien. Una mueca de dolor cada vez que el adulto se acerca para tocarle podría sugerir un miedo derivado de un abuso sistemático, probablemente por parte de ese mismo adulto. Además, si el niño rechaza el contacto con el adulto, sin alejarse demasiado, podría indicar una reticencia a la intimidad con esa persona, combinada con el miedo a desencadenar su ira.

Sin embargo, es crucial recordar que ninguna de estas señales por sí sola es suficiente para denunciar a alguien a la policía o a los Servicios de Protección Infantil. Cualquier lenguaje corporal puede interpretarse de múltiples maneras, y signos como la rigidez, los hombros encorvados o la evitación del contacto visual podrían simplemente indicar que el niño se siente incómodo en un entorno determinado o con personas desconocidas. La inhibición y la evitación del contacto físico inicial con un adulto podrían denotar, más que miedo, dificultad con el contacto en general o un descontento con el adulto por algún motivo. La decisión de no alejarse, aunque parezca normal en un niño ansioso por explorar, podría reflejar buenos modales o simplemente el hecho de que el niño no se siente especialmente cómodo aventurándose a salir solo.

Como ocurre con todas las interpretaciones, entender el

lenguaje corporal de un niño depende del contexto. Si conoces personalmente al niño o al adulto, será más fácil determinar el significado. Sin embargo, si se trata de extraños, el reto se complica. No obstante, reconocer ciertos signos en el lenguaje corporal de un niño te alertará, permitiéndote intervenir con prontitud si surge la sospecha de que el niño está siendo maltratado o secuestrado.

La capacidad de descifrar el lenguaje corporal de un niño no solo te permite ser un apoyo emocional esencial para él, sino también desempeñar un papel clave en su crecimiento y comprensión del mundo que le rodea. Si eres padre o cuidador de un niño durante períodos prolongados, debes comprender tu papel como figura de apoyo, encargada de enseñarle los matices de la vida y el contexto que le rodea.

A menudo, los niños experimentan emociones que aún no saben expresar verbalmente. Aunque intenten comunicarse a través del lenguaje corporal, pueden sentirse frustrados al no poder traducir plenamente esa experiencia en palabras. Como adulto experto en leer el lenguaje corporal, tienes la capacidad de interpretar las señales no verbales de tu hijo y ayudarle a expresar sus sentimientos verbalmente. Este proceso le ayudará no solo a comprender mejor sus emociones, sino también a desarrollar un mayor conocimiento de sí mismo. De este modo, contribuirás a su crecimiento enseñándole que los sentimientos son parte integral de su salud emocional y que compartir las dificultades con sus allegados es completamente aceptable. Un niño guiado de este modo estará mejor preparado para afrontar retos emocionales en su vida futura. Esta conciencia es vital para todos los adultos que interactúan con niños, incluidos médicos, profesores y padres que involucran a los amigos de sus hijos.

Enseñar a los niños no solo a expresar su lenguaje corporal, sino también a leerlo, es una tarea de suma importancia. Aunque es conveniente evitar etiquetar este proceso como «leer el lenguaje corporal», terminología que puede resultar aburrida o incomprensible para los niños, es crucial transmitirles estas habilidades.

Quizás te preguntes por qué es tan relevante que un niño aprenda a leer el lenguaje corporal, un tema con raíces científicas que puede parecer complejo. A continuación, exploraremos por qué es importante.

En primer lugar, si un niño entiende que la comunicación no verbal es tan valiosa como las palabras, comprenderá mejor a las personas que le rodean. Por ejemplo, durante el juego, si pide a un amigo que se una y este responde negativamente, pero con una mirada al suelo y otro niño que les observa con aire amenazador, tu hijo comprenderá que hay un significado más profundo tras la negativa del amigo. Esta comprensión le permitirá apoyar a su amigo o animarle a seguir sus propios deseos, sin preocuparse demasiado por las opiniones de los demás, o alejarse sin sentirse ofendido. Una situación así podría ser una señal de acoso hacia su amigo, y tu hijo, gracias a su comprensión del lenguaje corporal, podría informar de lo que ha observado a un adulto de confianza.

Imagínate también que tu hijo observe que un niño, normalmente muy extrovertido, permanece en silencio durante todo el día. El conocimiento del lenguaje corporal podría permitir a tu hijo detectar la diferencia en el comportamiento de su compañero y acercarse a él para preguntarle si le pasa algo. Este gesto puede marcar una gran diferencia en el día de un niño triste.

Considera también el impacto del lenguaje corporal en la forma en que los niños hacen amigos. Como adulto, entender señales sencillas del lenguaje corporal te permite establecer conexiones más profundas con los demás. Es lógico que lo mismo ocurra con los niños en el contexto de sus amistades.

Tu hijo podría incluso evitar situaciones de acoso si conoce el lenguaje corporal. Este conocimiento le permitiría comprender que gestos como poner los ojos en blanco o alejarse mientras alguien habla pueden herir tanto como las palabras. Sería capaz de identificar esos comportamientos y evitarlos, contribuyendo a mantener un entorno amistoso en el que los niños eviten hacerse daño involuntariamente.

Cuando un niño conoce el lenguaje corporal, puede asegurarse de que sus amigos se sientan cómodos en su presencia. Por ejemplo, si se sienta junto a un amigo, podrá percibir si este se siente cómodo a través del contacto cercano. Si el amigo muestra signos de incomodidad, el niño sabrá que debe dar espacio y permitir que la relación evolucione sin presiones.

En última instancia, enseñar a los niños a leer el lenguaje

corporal les ofrece una comprensión profunda de sí mismos y de los demás. Si reconocen que los demás también experimentan emociones y que sus propios sentimientos pueden influir en sus acciones, los niños crecerán con una mayor empatía hacia los demás. Esta capacidad es valiosa tanto en la vida cotidiana como en el futuro, ya que fomenta la capacidad de relacionarse de manera sana y respetuosa con los demás.

Recuerda que las habilidades para leer el lenguaje corporal de un niño no solo benefician a los propios niños, sino también a quienes interactúan con ellos. De esta manera, el entendimiento mutuo se amplía y se fortalece la capacidad de conectar emocionalmente con los niños y apoyarles en su desarrollo personal.

CAPÍTULO 23: EL LENGUAJE CORPORAL Y LAS PERSONAS CON NECESIDADES ESPECIALES

No todo el mundo puede comunicarse o interpretar el lenguaje corporal de la misma manera que una persona neurotípica. Por ejemplo, un veterano de guerra que ha perdido un brazo no podrá usar los gestos de las manos para comunicarse como solía hacerlo antes del accidente. Las personas ciegas no pueden interpretar las señales faciales, mientras que un niño con autismo puede tener dificultades para mantener el contacto visual durante una conversación. Dado que el lenguaje corporal depende tanto de comportamientos genéticos como aprendidos, puede resultar problemático en presencia de estas discapacidades. Por lo tanto, es esencial estar preparado para interpretar el lenguaje corporal, tanto al leerlo como al ser leído, incluso en situaciones que no se consideran «normales». En este capítulo, ofreceré consejos sobre cómo interpretar el lenguaje corporal cuando hay personas con necesidades especiales involucradas, tanto al leerlo como al ser leído.

Cuidado al hacer conjeturas

Las conjeturas, como se suele decir, pueden dejarnos en ridículo a ti y a mí. Sin embargo, cuando se trata de hacer juicios en fracciones de segundo, algunas conjeturas son inevitables. No siempre es posible contextualizar completamente cada señal del lenguaje corporal ni escudriñar cada detalle de forma casual. La clave es entender en qué basar esas conjeturas.

Tomemos el caso de Elena, una paciente que me consultó por ansiedad y que padece síndrome de Asperger. Elena siempre recibía presiones de familiares, profesores y figuras de autoridad para que mantuviera el contacto visual mientras hablaba con los demás, a pesar de que esto le resultaba muy incómodo. Durante una sesión, Elena me confió que le resultaba aún más aterrador y frustrante que la gente esperara que captara todas esas sutiles señales socioemocionales de sus ojos durante ese contacto forzado. Cuando buscaba el contacto visual, su mirada era siempre demasiado vacía o demasiado intensa. A menudo, ni siquiera podía mantenerla, distraída por la creciente incomodidad.

Sin embargo, muchas personas interpretan el contacto visual de Elena como un signo de falta de atención, grosería o desinterés, incluso de mentira. Estas personas pasan por alto el hecho de que Elena tiene Asperger, ignorando o suponiendo que todas las reglas del lenguaje corporal se aplican por igual a las personas neurotípicas y a las personas con autismo. Tales conjeturas pueden llevar a una comprensión distorsionada de la interacción y generar problemas que podrían haberse evitado.

Las conjeturas pueden llevar fácilmente a evaluaciones incorrectas de la capacidad de otra persona para leer su lenguaje corporal. Por ejemplo, ha habido especulaciones generalizadas sobre el autismo y las habilidades sociales, algunas de las cuales se han desmentido o confirmado con el tiempo. Durante mucho tiempo, se creyó erróneamente que las personas con Trastorno del Espectro Autista (TEA) eran incapaces de interpretar el lenguaje corporal o tenían dificultades significativas para hacerlo. Sin embargo, un estudio realizado en 2015 por las universidades de Queensland y Pittsburgh indicó que los niños con TEA son capaces de leer el lenguaje corporal a un nivel comparable al de sus compañeros neurotípicos. Por lo tanto, la suposición de que una persona con autismo no puede interpretar el lenguaje corporal es fruto tanto de la desinformación como de los prejuicios.

Recuerda que, aunque algunas conjeturas son necesarias para agilizar el análisis del lenguaje corporal de una persona, es crucial utilizarlas teniendo en cuenta todos los factores, evitando basarse en estereotipos o fuentes poco fiables para llegar a un juicio final preciso.

Infórmate sobre las distintas discapacidades

Para evitar conclusiones erróneas y cometer errores al leer el lenguaje corporal, es esencial informarse sobre los distintos tipos de discapacidad. Los desafíos a los que se enfrenta la lectura del lenguaje corporal de alguien con una discapacidad auditiva serán diferentes de los de alguien que haya sufrido un ictus. Algunas discapacidades afectarán la capacidad de interpretar el lenguaje corporal, mientras que otras dificultarán que la persona se exprese físicamente a través de él.

Aquí algunos ejemplos de cómo las distintas discapacidades pueden afectar la lectura del lenguaje corporal:

- **Ceguera:** Las personas ciegas conocen algunas señales corporales por intuición, pero pueden no ser conscientes de gestos que han evolucionado con el tiempo, como mecerse, ya que no pueden verlos.

- **Accidente cerebrovascular:** La parálisis resultante de un accidente cerebrovascular puede causar problemas físicos y afectar negativamente la percepción, la memoria y la concentración, dificultando la expresión y la lectura del lenguaje corporal.

- **TEA:** Las personas con Trastorno del Espectro Autista (TEA) pueden tener dificultades para leer y compartir señales que a los demás les parecen naturales, como mantener el contacto visual.

- **Sordera:** Las personas sordas que utilizan el lenguaje de signos pueden centrarse más rápidamente en el lenguaje corporal que otras personas.

No todas las discapacidades afectan la lectura del lenguaje corporal de la misma manera, pero es crucial ser consciente de los efectos positivos y evitar prejuicios basados en información errónea sobre la discapacidad que puedan influir en tus interpretaciones.

Si tus lecturas del lenguaje corporal no coinciden con lo que has aprendido hasta ahora, intenta comprender el contexto. Por ejemplo, una persona puede ser amable y sincera, pero incapaz de mantener el contacto visual debido al autismo. O puede parecer emocionada sin sonreír debido a un ictus que ha afectado a las expresiones faciales. El contexto es clave, y ser consciente de las distintas discapacidades contribuirá a una comprensión más precisa del lenguaje corporal.

Practica. Practica. Practica.

Como en cualquier otro campo, la mejor preparación para enfrentarse a situaciones en las que hay que interpretar el lenguaje corporal de personas con discapacidad es la práctica. Sin embargo, esto no implica buscar a personas con discapacidad con el único propósito de practicar la lectura de su lenguaje corporal, lo cual sería francamente grosero. Al contrario, cuando inicies una conversación con alguien que pueda tener una discapacidad auditiva, visual u otra, presta mucha atención a su lenguaje corporal, haciendo un esfuerzo consciente por entenderlo. Evita mirar fijamente a la persona o tratarla de forma diferente a los demás, pero toma notas mentales de sus interacciones para analizar la exactitud de tus interpretaciones.

Por ejemplo, entre los pacientes discapacitados, además de Elena, hay quienes tienen trastorno de estrés postraumático (TEPT) desarrollado tras sufrir eventos traumáticos como la explosión de una bomba, o víctimas de infartos que necesitan controlar su ira. Siempre que me reúno con estas personas, observo activamente su lenguaje corporal mientras hablan de sus problemas y lo utilizo para descifrar emociones más allá de las palabras. Tengo en cuenta la posibilidad de que mi interpretación sea correcta o incorrecta para mejorar futuras interacciones.

Sea paciente

La paciencia es crucial, tanto contigo mismo como con la persona con discapacidad con la que te comunicas. Puede llevar tiempo acostumbrarse a pasar de leer el lenguaje corporal en conversaciones cotidianas a prestar atención consciente a los posibles matices de las personas con discapacidad. Sobre todo, ten paciencia con quienes tienen dificultades para interpretar tu lenguaje corporal. Ten en cuenta que estas afecciones suelen mermar la capacidad de una persona para captar señales sutiles y procesarlas con facilidad.

En última instancia, leer el lenguaje corporal de las personas con discapacidad no difiere significativamente de cualquier otro escenario, pero requiere pequeños ajustes para evitar interpretaciones erróneas, un tema que exploraremos en el próximo capítulo.

CAPÍTULO 24: LECTURAS CONTRADICTORIAS DEL LENGUAJE CORPORAL Y CÓMO MANEJARLAS

Al adentrarse en la lectura del lenguaje corporal, aplicará los consejos e información de este libro. Sin embargo, es común encontrarse con situaciones en las que las lecturas parecen contradictorias, lo que puede causar confusión. En este capítulo, le proporcionaré la información necesaria para enfrentar este desafío.

El primer paso, cuando se enfrenta a señales contradictorias, es considerar el contexto. Por ejemplo, si la persona que tiene delante muestra signos de éxito pero al mismo tiempo manifiesta un nerviosismo evidente, podría indicar que, aunque es competente en su campo, la situación actual la está perturbando. Si esta persona es experta en hablar en público y está a punto de hacerlo ante una gran multitud, puede estar nerviosa a pesar de anticipar un gran éxito. En este caso, es esencial prestar atención a las señales del lenguaje corporal que demuestran confianza y competencia en su campo, mientras que los indicadores de nerviosismo pueden ser menos relevantes, ya que no son evidentes cuando está en el escenario.

La siguiente estrategia, si se enfrenta a lecturas aparentemente inconexas, es observar qué partes del lenguaje corporal se mantienen constantes y cuáles destacan más claramente. Por ejemplo, si una persona muestra tres señales de felicidad y solo una de tristeza, es probable que esté feliz.

Igualmente importante es tener en cuenta el estado de referencia o "línea de base" de la persona. Si el comportamiento actual es inusual para ella, podría indicar que está experimentando emociones fuera de lo común. Por lo tanto, es crucial distinguir entre las emociones habituales y aquellas que podrían señalar algo más significativo.

Recuerdo un episodio en el que pasé un fin de semana con un amigo de la universidad en un coto de pesca, una actividad que le gustaba desde la infancia. Mientras reíamos y hablábamos, mi amigo parecía feliz, pero al mismo tiempo agitaba constantemente su caña de pescar y evitaba el contacto visual. Habitualmente relajado y acostumbrado al contacto visual, esta discrepancia despertó mis sospechas. Gracias a mi conocimiento de su "línea de base" conductual, me di cuenta de que algo le preocupaba. Al profundizar en la conversación, confesó tener dificultades con algunos exámenes y miedo a suspender el curso. Como no quería estropear el fin de semana, había decidido mantener una apariencia alegre por mi bien. Utilizando su línea de base, pude confirmar la exactitud de mis lecturas y abordar abiertamente sus preocupaciones, lo que nos permitió disfrutar sinceramente de nuestro tiempo juntos.

En situaciones como esta, es crucial ser consciente de las propias ideas preconcebidas. Juzgar a una persona incluso antes de que pronuncie una palabra puede distorsionar la forma en que interpretamos su lenguaje corporal. Por ejemplo, si basas tu juicio en la apariencia de una persona y piensas que no puede tener éxito debido a su vestimenta, a pesar de que su lenguaje corporal revela competencia, es probable que malinterpretes las señales corporales. Al leer el lenguaje corporal, es esencial centrarse en lo que realmente se observa y evitar dejarse influir por ideas preconcebidas.

Estos elementos son fundamentales si deseas llegar a ser competente en la lectura del lenguaje corporal. Aunque cualquiera puede aprender las técnicas de un libro y aplicarlas a su vida, es crucial usarlas con inteligencia para tener éxito en este campo. Con el uso de estos consejos, podrás hacerlo sabiamente.

CAPÍTULO 25: USAR EL LENGUAJE CORPORAL EN LA VIDA COTIDIANA

Veamos ahora más de cerca algo que puedes aplicar diariamente en tu vida. En este capítulo, analizaremos en detalle un día típico en la vida de un adulto, desde el amanecer hasta el atardecer, destacando cómo la lectura del lenguaje corporal puede emplearse en todos los aspectos de tu rutina diaria.

Comencemos con el despertador. Normalmente, mientras te preparas para el día y desayunas, estás rodeado de tu familia o compañeros de piso. Las mañanas pueden ser difíciles para muchas personas, por lo que es crucial interpretar el lenguaje corporal de quienes te rodean.

Durante la mañana, un bostezo revela claramente el cansancio de una persona. Si evita el contacto visual o camina con los hombros encorvados, puede indicar que no está dispuesta a conversar contigo o con otras personas en la casa.

Por el contrario, si alguien mantiene el contacto visual y sonríe, es posible que quiera entablar una conversación antes de seguir con su día, tal vez quiera charlar antes del desayuno o simplemente decir "buenos días".

Si un familiar parece inquieto o descontento por la mañana, podría estar nervioso por algo que tendrá que enfrentar durante el día. Si sabes que está a punto de hacer un examen o tiene una presentación importante, deséale suerte y hazle saber que confías en sus capacidades. Si no conoces la causa de su preocupación, considera preguntarle directamente. Puede que necesite tu apoyo antes de enfrentar un día ajetreado.

Luego, piensa en tu trayecto al trabajo. Es posible que de vez en cuando observes a las personas que conducen a tu lado. Por ejemplo, un amigo me contó que cortó el paso a otro coche sin darse cuenta. Al notar su error, bajó la ventanilla y, en señal de disculpa, hizo un gesto hacia el otro coche. Aunque el otro conductor parecía molesto, aceptó las disculpas con un gesto de la mano. Este ejemplo ilustra cómo una acción positiva puede transformar una situación negativa, incluso cuando las expresiones faciales indican malestar.

Pasemos ahora al análisis de tu jornada laboral. Es fundamental usar el lenguaje corporal de manera inteligente en el lugar de trabajo, donde pasas la mayor parte del tiempo. Quieres que tu lenguaje corporal transmita una imagen de éxito y confianza en ti mismo. Asegúrate de tomar tu café antes de entrar a la oficina para no parecer somnoliento. Llegar al trabajo concentrado y con energía te hará parecer apasionado a los ojos de tus compañeros.

Quieres que tus compañeros perciban tu confianza para que reconozcan tu capacidad para alcanzar el éxito. Esto contribuirá a infundir confianza en ti y te hará parecer un modelo a seguir. Para lograrlo, considera adoptar posturas y un lenguaje corporal que transmitan poder.

Personalmente, prefiero sonreír y presentarme a las personas con un apretón de manos firme. No hay nada mejor que un apretón de manos firme para dejar una impresión positiva, incluso en quienes pueden no estar en su mejor momento. Este enfoque es especialmente eficaz durante las reuniones matutinas, cuando no todos están predispuestos a ser madrugadores. La energía positiva puede ser realmente contagiosa.

Sin embargo, es crucial mantener una autoconfianza sincera y evitar la autoconfianza "falsa". Por eso me tomo mi tiempo para interactuar con colegas y clientes. Un ejercicio útil es aprovechar las videollamadas. Durante estas llamadas, puedo ver mi propia cara mientras converso con el interlocutor, lo que me permite evaluar las expresiones faciales y analizar mis reacciones. Es una oportunidad única para obtener un tercer punto de vista sobre mi vida mientras me comunico con los demás.

Igualmente importante es la capacidad de leer el lenguaje corporal de tus compañeros de trabajo. Si un colega está enojado contigo, puede que evite expresar su frustración por miedo a afectar el ambiente laboral. Sin embargo, a través de la lectura del lenguaje corporal, puedes entender sus sentimientos negativos e intentar cambiarlos.

Si alguien está estresado en el trabajo, puede necesitar apoyo con las tareas asignadas. Leyendo su lenguaje corporal en estas situaciones, podrías ofrecerle ayuda y evitar problemas para la empresa.

Recuerdo un incidente importante que ocurrió hace unos años durante uno de mis primeros trabajos. Había un compañero nuevo muy tímido que parecía incómodo durante la primera semana. Intuía que tenía dificultades, pero no había tenido el valor de ofrecerle mi ayuda. Sin embargo, por su postura resignada y su cabeza baja, era evidente que necesitaba apoyo. Finalmente, me acerqué a él y le ofrecí mi ayuda, que aceptó de buen grado. Descubrí que no había nada grave; el colega simplemente necesitaba unas primeras indicaciones en la dirección correcta. Fue una de las primeras ocasiones en las que sentí satisfacción por una lectura acertada de la persona.

Una parte importante del día es la vuelta a casa después del trabajo. Durante este tiempo, puedes utilizar el lenguaje corporal de la misma manera que lo hacías en el trabajo. Esto es crucial, especialmente si te encuentras con las mismas personas antes y después del trabajo.

Una vez que vuelves a casa, la capacidad de detectar las señales del lenguaje corporal vuelve a ser importante, sobre todo en relación con tu familia. Aunque te sientas cansado después de un día de trabajo, es esencial mantener un lenguaje corporal positivo, mostrando a tu familia tu amor y felicidad al regresar a casa.

Durante este tiempo, también es importante leer el lenguaje corporal de los miembros de tu familia. Por ejemplo, puedes deducir por los movimientos corporales si uno de tus familiares ha tenido un día difícil. Si observas hombros encorvados, miradas hacia abajo y falta de sonrisa, es aconsejable preguntarle qué le pasa. Puede que necesite hablar o ayuda debido a situaciones difíciles ocurridas durante el día.

También puedes aplicar tus habilidades de lectura del lenguaje corporal para atender a tu hijo, si las tienes. Por ejemplo, si tu hijo parece cansado aunque todavía no sea la hora de acostarse, podrías considerar dejarlo descansar antes de lo habitual, asegurándote de que tenga el descanso necesario.

Cuando se trata de las relaciones de pareja, es crucial asegurarse de que el lenguaje corporal sea positivo. Dedica tiempo a trabajar en tu relación hablando o intercambiando afecto con tu pareja para demostrar cariño mutuamente. Este lenguaje corporal y este tipo de contacto pueden tener beneficios tanto en tu relación como en tu vida diaria, si te acostumbras a aplicarlo cada día.

Estas son solo algunas formas en las que puedes utilizar el lenguaje corporal en un día normal, aunque sabemos que muchos días son cualquier cosa menos normales. Pueden surgir acontecimientos extraordinarios que no puedes dejar de lado por tu dedicación personal. Por lo tanto, examinemos cómo podrías emplear tu habilidad para leer el lenguaje corporal en un par de situaciones adicionales. Por ejemplo, puede que pases un par de noches saliendo a cenar con amigos en lugar de quedarte en casa. En estas ocasiones divertidas, es esencial que seas consciente de tu propio lenguaje corporal, así como del de los demás. Asegúrate de sonreír y mantener el contacto visual para mostrar interés en el tema de conversación, demostrando alegría por pasar tiempo con tus amigos. Evita dar muestras de cansancio, ya que esto podría hacer que tus amigos piensen que prefieres quedarte en casa y descansar antes que pasar tiempo con ellos. Aunque esto fuera cierto, ¡no querrás que tus amigos lo perciban así!

También querrás interpretar el lenguaje corporal de los amigos con los que cenas. Mientras conversas con ellos, asegúrate de que mantienen un estado de ánimo positivo y no se sienten incómodos por algo que hayas dicho. Asegúrate de que mantienen el contacto visual y sonríen, para estar seguro de que están disfrutando de la velada.

Un ejemplo clásico en estos contextos son los vendedores. Los vendedores profesionales más efectivos son capaces de establecer un contacto visual amistoso y no amenazador con los posibles compradores. Utilizan sus manos y expresiones faciales para crear un ambiente acogedor y modulan su tono de voz para que los clientes se sientan a gusto, evitando sentimientos de rechazo. Sin duda, los vendedores más eficaces se distinguen por sus excelentes habilidades de comunicación a todos los niveles.

Otra situación fuera de lo común podría ser una cita con el médico. Durante esta cita, es esencial asegurarse de que tu lenguaje corporal no revele un estado de ánimo nervioso. Aunque puedas sentirte agitado, es importante evitar que las personas de tu entorno lo noten. Concédele importancia al contacto visual e intenta evitar los movimientos nerviosos de las manos.

Por último, cabe destacar que tu capacidad para aprovechar una buena comunicación te garantizará un acercamiento más profundo a las personas que te rodean. Esto implica la capacidad de establecer relaciones más significativas, en las que puedas conectar con los demás a un nivel personal y reconocible. Esto es lo que distingue a las personas extraordinarias. Cuando puedes establecer conexiones profundas con los demás, te conviertes en el tipo de persona con la que todos quieren estar. Esto solo aumentará tus posibilidades de construir una profunda autoestima, haciendo que te sientas orgulloso de ti mismo. Solo por esta razón, dominar este método vale más que cualquier otro conocimiento que puedas adquirir.

CAPÍTULO 26: PONER EN PRÁCTICA EL LENGUAJE CORPORAL

Ahora que has adquirido una comprensión sólida de los matices del lenguaje corporal y la comunicación no verbal, te invito a poner en práctica estos valiosos conocimientos mediante ejercicios que no solo agudizarán tus habilidades, sino que también tendrán un impacto positivo en tu conciencia.

Los ejercicios prácticos que te propongo a continuación representan una oportunidad única para integrar tu comprensión del lenguaje corporal en tu vida cotidiana. La práctica constante, como sabes, es esencial para perfeccionar tus habilidades y convertirte en un verdadero maestro de la comunicación no verbal.

Considera estos ejercicios como un punto de partida valioso, flexible y adaptable a tus necesidades personales.

Nuestro objetivo común es aumentar la conciencia de las señales que transmitimos a través del lenguaje corporal y aprender a manejarlas de manera eficaz para comunicarnos de forma clara y positiva.

EL ARTE DE LA POSTURA

El saludo confiado

La postura es uno de los elementos clave del lenguaje corporal, ya que puede transmitir confianza, franqueza y seguridad. En este ejercicio, nos centraremos en cómo utilizar la postura en situaciones sociales, especialmente durante el saludo.

Instrucciones:

- Cuando te acerques a alguien, adopta una postura abierta, asegurándote de que tus hombros estén relajados, tu cabeza erguida y tus pies firmemente plantados en el suelo.
- Al saludar, establece un contacto visual directo que refleje calidez y una sonrisa sincera. Los ojos, como bien sabes, son un reflejo del alma, y el

contacto visual abierto puede transmitir confianza y autenticidad.

- Observa atentamente las reacciones de las personas que tienes delante. Tu postura abierta puede generar respuestas positivas y cálidas. No descuides tus sentimientos internos: ¿cómo te sientes cuando adoptas esta postura?
- Adapta ligeramente la intensidad de tu postura según el contexto. Por ejemplo, en situaciones más formales, puedes optar por una postura más erguida y profesional.

Reflexiones:

- Anota mentalmente las reacciones a tu saludo. ¿Has notado algún cambio en la percepción que los demás tienen de ti?
- Reflexiona sobre tus sentimientos personales durante este ejercicio. ¿La postura abierta ha afectado tu autoestima o tu percepción de ti mismo?
- Lleva esta conciencia a tu vida diaria, intentando mantener una postura abierta y confiada durante los encuentros sociales. Observa cualquier cambio en la dinámica interpersonal y aprecia el poder de la comunicación no verbal positiva en las conexiones humanas.

La postura de escucha activa

Las habilidades de escucha activa son cruciales para establecer conexiones significativas en nuestras interacciones cotidianas. Este ejercicio te guiará para descubrir cómo tu postura puede convertirse en el sello distintivo de conversaciones auténticas y profundas.

Instrucciones:

- Durante una conversación, adopta una postura ligeramente orientada hacia tu interlocutor. Inclinarte ligeramente hacia adelante demuestra tu interés genuino.
- Mantén un contacto visual regular y permite asentimientos ocasionales; estos gestos subrayan tu compromiso con la conversación. Estas señales comunican claramente a tu interlocutor que lo estás escuchando con atención y aprecio.
- Observa cómo tu postura influye en la calidad de la conversación. Puede que notes un aumento tangible de la confianza y apertura en la otra persona.

Reflexiones:

- Reflexiona sobre cómo cambia la conversación cuando adoptas la postura de escucha activa.

¿Cómo afecta a la dinámica y la profundidad de la conversación?

- ¿Has notado un compromiso emocional más profundo, tanto de tu parte como de la de tu interlocutor? Estos signos tangibles de conexión son testimonio del poder transformador de la escucha activa.
- Imagina cómo podrías integrar esta postura empática en tus interacciones diarias para fortalecer los vínculos y mejorar la calidad de tu comunicación.

GESTIÓN DEL ESPACIO PERSONAL

Ampliar o reducir tu espacio personal

En el ámbito del lenguaje corporal, el espacio personal es un matiz delicado que oscila entre la cultura y la singularidad individual. Este ejercicio está diseñado para ayudarte a explorar cómo la modulación del espacio alrededor de ti puede influir en las dinámicas interpersonales.

Instrucciones:

- En diferentes contextos sociales, experimenta con la distancia física que te separa de los demás. En un entorno informal, acércate ligeramente más de lo habitual y observa las reacciones de tus compañeros. Reflexiona en silencio sobre tu propio grado de comodidad.

- En contextos más formales, mantén una distancia ligeramente mayor de lo habitual. Observa detenidamente cómo esta variación en el espacio afecta tu percepción de la situación y, igualmente importante, la reacción de los demás.
- Presta atención a los matices de tus sentimientos durante estos ajustes sutiles. Ser consciente de tu "zona de confort" personal es clave para ajustarla adecuadamente en diferentes situaciones.

Reflexiones:

- Escucha atentamente las reacciones de los demás mientras ajustas tu distancia física durante las interacciones. Esta coreografía sutil revela información valiosa sobre cómo conectamos con los demás.
- ¿Has notado un cambio en tu nivel de comodidad al acercarte o alejarte ligeramente? Estas señales íntimas cuentan una historia única, escrita con la pluma invisible de la experiencia personal.
- Considera tu cultura y el entorno social en el que te encuentras: ¿hay circunstancias en las que tu percepción del espacio personal se configura de una manera particular, desviándose de otras perspectivas culturales?

El poder del tacto

El tacto, una herramienta delicada de comunicación, tiene el poder de transmitir empatía, apoyo y conexión de manera profunda. Este ejercicio es una invitación a explorar cómo el tacto puede utilizarse eficazmente en las interacciones cotidianas, añadiendo una nota de calidez humana a tus conexiones.

Instrucciones:

- En situaciones apropiadas, incorpora el tacto de manera auténtica en tus gestos. Por ejemplo, durante una conversación informal, coloca ligeramente la mano en el hombro de alguien para enfatizar un punto o expresar solidaridad.
- Al estrechar la mano de alguien, hazlo con firmeza y confianza. Un apretón firme puede transmitir autoridad y seguridad, reforzando tu mensaje con el poder de la humanidad.
- Observa atentamente las reacciones de las personas al contacto físico. Puedes captar señales de calidez emocional y la magia de una conexión más profunda.

Reflexiones:

- ¿Notaste un cambio en la dinámica de tus interacciones cuando introdujiste el tacto adecuadamente? Cada toque, incluso el más ligero, puede tejer nuevos hilos en las conexiones humanas.

- Imagina cómo te sientes al tocar o ser tocado de manera apropiada. ¿Puedes sentir un aumento en la conexión emocional, ese vínculo íntimo que solo el tacto puede generar?
- Reflexiona con sabiduría y delicadeza sobre cómo podrías incorporar el tacto en tus interacciones diarias. Cada gesto puede ser una oportunidad para mejorar la calidad de las relaciones, proporcionando una forma silenciosa pero elocuente de comunicar empatía y afecto.

EXPRESIONES FACIALES

Reconocer y expresar emociones

Las expresiones faciales revelan el lenguaje vibrante del cuerpo y transmiten emociones con una fuerza única. Este ejercicio está diseñado para agudizar tu conciencia sobre tus expresiones faciales y su influencia en las interacciones sociales.

Instrucciones:

- Frente a un espejo, practica diferentes expresiones faciales que reflejen emociones como la felicidad, la sorpresa, la ira y la tristeza.
- Observa cómo se transforman tus rasgos faciales durante cada expresión. El objetivo es que las expresiones sean lo más auténticas posibles,

creando un diálogo sincero entre tu rostro y tus
emociones internas.

- Durante los momentos de reflexión, sintoniza con
  tus sentimientos en cada expresión. La conexión
  entre tu rostro y tus emociones internas es clave
  para comprender cómo los demás perciben tu
  estado de ánimo.

Reflexiones:

- ¿Has notado alguna diferencia entre la imagen
  que creías proyectar y la que realmente se refleja
  durante las distintas expresiones faciales? Esta
  percepción es crucial para una comunicación más
  auténtica y efectiva.
- ¿Qué nuevas revelaciones has tenido sobre tus
  emociones y su expresión a través del rostro?
  Cada línea y pliegue cuenta una historia que
  enriquece tu comprensión personal.
- Aplica este conocimiento en tu vida diaria
  explorando cómo puedes expresar tus emociones
  de manera más consciente a través de las
  expresiones faciales. Deja que tu rostro sea un
  reflejo sincero de los matices de tu mundo
  interior.

La sonrisa auténtica

La sonrisa es una herramienta poderosa de comunicación no verbal, capaz de influir positivamente en las interacciones sociales. Este ejercicio te guiará para perfeccionar tu sonrisa, haciéndola auténtica y significativa.

Instrucciones:

- Encuentra un lugar tranquilo y relajante. Colócate frente a un espejo y practica la sonrisa, prestando atención a los detalles de tu rostro, incluidos los ojos y las comisuras de los labios.
- Experimenta con diferentes tipos de sonrisa: una sonrisa abierta y brillante para la felicidad genuina, y una sonrisa más sutil para situaciones formales, adaptándola a cada circunstancia.
- Observa cómo responde tu cuerpo a este gesto. Una sonrisa genuina puede desencadenar una respuesta positiva en tu estado de ánimo.

Reflexiones:

- ¿Has notado la diferencia entre una sonrisa forzada y una genuina? Ser consciente de esta distinción puede ser muy valioso.
- Observa las reacciones de los demás ante tu sonrisa genuina. ¿Percibes un aumento en la positividad de las interacciones?

- Intenta incorporar la sonrisa genuina en tus interacciones diarias, especialmente cuando quieras transmitir calidez, apertura y amabilidad. No es solo un gesto, sino una elección consciente que puede enriquecer tus relaciones con los demás.

EL LENGUAJE CORPORAL EN CONTEXTOS PROFESIONALES

La postura del líder

La forma en que nos presentamos en contextos profesionales puede influir enormemente en cómo nos perciben los demás. Este ejercicio se centra en la postura del líder, un elemento clave que transmite autoridad y confianza.

Instrucciones:

- Adopta una postura erguida y segura. Mantén los hombros hacia atrás, el pecho hacia adelante y la cabeza erguida. Esta postura no solo refuerza tu presencia física, sino que también transmite confianza y autoridad.
- Utiliza tus manos de manera deliberada. Maneja el espacio que te rodea con movimientos

controlados, evitando gestos nerviosos o inseguros que puedan debilitar tu imagen de líder.

- Mantén un contacto visual directo y firme durante las interacciones. Un contacto visual seguro comunica determinación y presencia, cualidades fundamentales para un líder.

Reflexiones:

- ¿Has notado un cambio en la percepción de los demás al adoptar esta postura de líder? La percepción de este impacto puede ser crucial para tu presencia profesional.
- ¿Cómo te sentiste al adoptar esta postura? ¿Sentiste un aumento en tu confianza en ti mismo? Reconocer estos cambios emocionales puede ayudarte a comprender mejor la eficacia de esta práctica.
- Intenta mantener esta postura durante situaciones profesionales importantes. Observa cómo afecta tu presencia y la percepción que los demás tienen de ti.

Gestión del contacto visual en las reuniones

El contacto visual durante las reuniones revela mucho sobre tu participación e interés. Este ejercicio te guiará en el uso efectivo del contacto visual en contextos profesionales.

Instrucciones:

- Mantén un contacto visual regular durante las reuniones, mirando a las personas que están hablando para mostrar atención e interés genuinos.
- Alterna la mirada entre los distintos participantes, evitando enfocarte exclusivamente en una sola persona. Esta práctica comunica apertura y compromiso con todo el grupo, creando un ambiente más inclusivo.
- Evita fijar la mirada en tus notas o en la pantalla del ordenador, ya que podría interpretarse como desinterés. Mantén una conexión visual para demostrar una participación activa.

Reflexiones:

- ¿Has notado un aumento en la participación de los demás al mantener un contacto visual atento durante las reuniones? Esta comprensión puede influir en tu práctica futura.
- ¿Cómo has manejado situaciones en las que el contacto visual podía interpretarse de manera diferente? Reflexionar sobre estas experiencias

puede enriquecer tu comprensión del lenguaje corporal y la dinámica de la comunicación.

- Lleva esta conciencia a tu vida profesional diaria, intentando mejorar continuamente tu gestión del contacto visual durante las interacciones laborales.

Incorporar cuidadosamente estas prácticas en tu lenguaje corporal profesional puede amplificar tu presencia, aumentar la confianza que los demás depositan en ti y mejorar tu dinámica interpersonal en el entorno laboral.

ADAPTAR EL LENGUAJE CORPORAL A LAS SITUACIONES

El cuerpo en situaciones de estrés

La gestión del lenguaje corporal en situaciones de tensión es crucial para mantener la compostura y comunicarse eficazmente. Este ejercicio se centra en cómo adaptar tu lenguaje corporal cuando enfrentas situaciones estresantes.

Instrucciones:

- Imagina o recuerda una situación estresante, como una entrevista o una presentación, que te cause ansiedad.
- Practica mantener una postura abierta a pesar del estrés. Relaja los hombros, mantén la cabeza erguida y respira profundamente para calmarte,

creando una base de tranquilidad en medio del caos.

- Presta atención a tus expresiones faciales, evitando transmitir tensión a través de los músculos faciales contraídos. Mantén una expresión serena, transmitiendo calma incluso cuando te enfrentas a situaciones difíciles.

Reflexiones:

- ¿Notaste un cambio en tu manejo del estrés al adoptar una postura abierta? Reconocer esta dinámica puede ayudarte a enfrentar mejor los desafíos estresantes.
- ¿Cómo reaccionaron los demás durante la situación estresante? ¿Influyó tu gestión del lenguaje corporal en la percepción que los demás tenían de ti? Reflexionar sobre esta dinámica puede ofrecerte una perspectiva valiosa sobre el impacto del lenguaje no verbal en situaciones estresantes.
- Lleva contigo esta percepción a futuras situaciones estresantes, intentando adaptar tu postura y tus expresiones faciales para manejar mejor el estrés. Este enfoque intencional puede convertirse en una herramienta valiosa para gestionar el estrés de manera efectiva.

El lenguaje del cuerpo en la seducción

La seducción requiere un conocimiento especializado del lenguaje corporal para comunicar interés, atracción y disponibilidad. Este ejercicio te guiará en cómo adaptar tu lenguaje corporal en situaciones románticas, manteniendo siempre un tono respetuoso.

Instrucciones:

- Practica gestos más sugestivos y miradas intensas frente a un espejo, explorando las expresiones faciales y los movimientos corporales que transmiten intimidad.
- Observa atentamente cómo reacciona tu cuerpo a estos gestos. Enfócate en la confianza, evitando mostrar vergüenza o inseguridad, ya que la confianza es fundamental para una comunicación romántica efectiva.
- En situaciones románticas reales, adapta tu lenguaje corporal en función de la respuesta de tu pareja. Asegúrate de no ser intrusivo, respetando siempre los límites personales y creando un espacio para una conexión auténtica.

Reflexiones:

- ¿Notaste alguna diferencia en las reacciones de las personas cuando adoptaste gestos más sugestivos?
- ¿Cómo manejaste la delicadeza y la conciencia en la comunicación romántica a través del lenguaje corporal?
- Reflexiona sobre cómo puedes mantener un equilibrio saludable entre la expresividad sensual y el respeto por los límites personales en tus interacciones románticas.

Adaptar el lenguaje corporal a diferentes situaciones es una habilidad clave para una comunicación efectiva. Practicar la conciencia corporal en diversos contextos te permitirá ser más flexible e influyente en tus interacciones cotidianas.

CONCLUSIONES

Hemos llegado al final de este libro, un viaje en el que hemos explorado en profundidad la comunicación no verbal y cómo puede ser una herramienta valiosa para entender a las personas. Ahora es el momento de poner en práctica estas ideas con confianza.

Después de haber examinado minuciosamente el amplio panorama del lenguaje corporal, te corresponde a ti aplicar todos estos nuevos conceptos. Después de todo, ¿de qué servirían estos conocimientos si no se utilizan adecuadamente?

Convertirse en un comunicador experto es más accesible de lo que piensas, pero requiere compromiso y práctica. Te invito a que tomes tu tiempo para releer cada sección del libro, revisarla nuevamente e integrar sus lecciones en tu vida diaria. Te darás cuenta de que, cuando las personas son capaces de interpretar a los demás con eficacia, pueden comunicarse a un nivel más profundo y significativo. Esto te permitirá ganarte la confianza de los demás y, a su vez, desarrollar una mayor confianza en ti mismo.

Esfuérzate por asimilar las técnicas y estrategias aprendidas en este libro y aplícalas en tu vida lo antes posible. Verás que poner en práctica tus habilidades comunicativas es la mejor manera de perfeccionarlas con el tiempo.